U0008259

GOBOOKS & SITAK GROUP©

在困惑混亂中找到清晰的方向，為自己選一個有利的生活

人生就是選擇的總和

Choices : From Confusion To Clarity

莎拉·藍恩 Sarah Lane —— 著

蕭季瑄 —— 譯

高寶書版集團

目錄

CONTENTS

第二章　你的內在團隊正掌控一切

第三章　事實、全然的事實、事實就是一切

目錄

CONTENTS

願你能知道生活中總有選擇，並有足夠的信心做出優秀的選擇。

致謝

有太多需要感謝的人了，實在不知道該從何開始。過去幾年我「嘗試」要寫一本書，這次的差異在於他人的奉獻以及完成這件事情所需要的學術知識。

關於他人的奉獻，我想感謝我的丈夫馬可斯，他是全世界最棒的爸爸。每個星期六以及大多數的禮拜一都是他帶小尼克出門，我才能夠專心寫作，讓這本書化為可能。寫作時看到你們發在臉書上一起玩樂的照片也很有幫助……笑容有助於創意的產生！

我也想感謝茱爾斯，當我猶豫不決要不要跟敏蒂一起放棄寫作時，妳一直陪在我身邊，直截了當地說「只需要全神貫注三個月」，以及「距離我上次來訪已經三個月了」，讓我洞悉了整件事情。

學術方面，我要感謝 The Book Midwife 的敏蒂，妳是一位優秀的教練。妳讓我承擔責任、設立截止日期，並針對寫作的藝術提供了無價的想法。我也要謝謝寫作夥伴妮基，有一天在漢普斯特德（Hampstead Heath）散步時妳告訴我一個令人高興不起來的事實。妳說我不必參加寫作的訓練課程，而這個說法來得恰是時候。我發現自己把上課當作藉口，遲遲沒有開始動筆。我就是需要有人從後頭推一把。

我也得感謝馬丁、吉娜、瑞秋、克萊爾、凱倫、凱薩琳、史蒂夫、妮基以及珍，謝謝你們特別花時間閱讀書稿並給了我回饋。

關於靈感和動力，我想謝謝出色的老師、導師、教練和朋友們：

吉姆・麥奈許——謝謝你的智慧、質疑和支持，還有那些湖邊散步時光。

菲爾・霍德教授——謝謝你扮演一位有創意的導師。你即時幫助我建立所需的信心。

德瑞克・奧斯柏——謝謝你向我展示了萬事皆有可能，以及將精力投入人際關係網絡的力量。

伊恩・麥德莫特、提姆・高爾威、東尼・羅賓斯——你們都是傑出的老師。

葛蒂・藍恩——謝謝您是那種「做就對了」的母親，直接向我展示了心靈勝過物質的力量，也謝謝您不論醫生怎麼說，都不斷地「修復」自己。

非常感謝我有幸與之相處的每一位客戶、朋友及團隊夥伴。你們的故事，有些可能收錄在這本書中，都是靈感來源。看到你們做出有時候很困難的決定並順利發展，真的很鼓舞且充實人心。你們都是很棒的老師。

前言

身為一個在社會住宅長大的女孩，我很幸運在職業生涯中得到雇主的贊助，得以和一些傑出人士一同學習。我知道並不是所有人都有這樣的機會。因此，我希望以某種方式分享經歷，幫助並鼓勵你做出任何所需的選擇，讓你藉此創造想要的人生。我的夢想，以及這本書背後的目的，是想要盡可能讓更多人看到我所見到的讓人們生活變得更好的知識及技巧。希望在閱讀的同時，你能發現原先不知道的東西，想起過去對你有用的事情，並發現原來從不同的角度看待事情，可以提供自己更多選擇。

盡己所能。
知道自己是誰，眞實對待自己。
用盡你擁有的一切，量力而爲。

這是你的書，不是我的。因此，你可以隨心所欲使用它。寫筆記、撕下書頁、和他人分享。做任何對你有用的事，就是不要不讀它！

一位讀了這本書初稿的朋友形容這是一頓美味的自助餐。我喜歡這個比喻，因為我寫作時的目的就是要分享故事、工具和點子，讓大家都能以喜歡的方式快速汲取與實踐。這麼說吧，這更像是整天不斷吃零食，而不是坐下來享用一頓大餐。每一章節都延伸到下個章節，但你不需要從第一頁開始閱讀，也能了解第七十一頁的內容。每個段落都緊扣相連，同時也獨立存在。當然了，如果你想要，也可以從頭開始，一口氣讀到最後。若你這麼做，我建議中途要給自己喘息的時間。要是完全沒有停頓，可能會忽略掉對你而言受用的東西，也可能不會享受到當下「嗅聞玫瑰花」的樂趣。

你會在這本書中找到我生活中的故事，以及我的客戶們的故事。我改了故事裡的人名，也沒有提到任何特定的組織。因為保護隱私對於輔導訓練及個人發展來說相當重要。希望這些私人故事和資訊能為生活帶來更多技巧和心理層面的內容。

希望你喜歡這本書，就像我享受寫作的過程一樣。
這是為了創造和實踐我們可能從未想像過的選擇。

你永遠有選擇權，你知道如何做決定。

第一章

擔負責任——這是你的人生

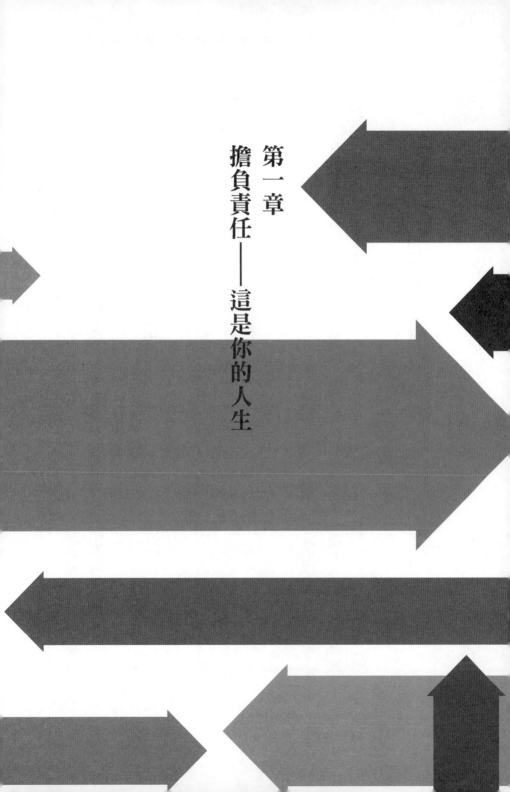

人生的有趣之處在於，沒有選擇就沒有希望，若不為這些選擇負責，便會失去力量。因此，責任似乎是美好生活的核心，而誰不想要美好的生活呢？

決定心之所向並大聲說出口

不得不說，多年來我發現「我想要」是一句不可能說出口的話。也許這是起源於家庭的謙虛養成和衛理公會的教養，然而，「我想要的永遠得不到」這句話，要不是出自他人之口，就是我心裡經常有的大聲且清晰的聲響。

決定自己想要什麼是件令人身心舒暢的事。能夠大聲說出口能鼓舞心神。能夠具體描述你渴望的細節，將是你一生能做出的事情中最激勵人心且最具啟發性的，正是這樣的差異帶來改變。

清晰＝遇到叉路時能夠從容決定方向

截至目前為止，人生路途上將面臨許多岔路和決策的關口。對於像我們這種過著自己的生活，而非隱居在洞穴裡的人來說，未來還會有更多、更多這種關卡。每天我們都在面臨決策點，都要做選擇。

要吃早餐嗎？要吃麥片還是真正喜歡的香腸三明治呢？要馬上起床還是能再睡十分鐘？最近家裡的人並不是不能賴床——但你會愛上兩歲寶寶的活力的！這些看起來可能都是很小的決定，但構築了一種生活方式。它們可以變成習慣，影響著生活的每個層面。

偶爾來一份香腸三明治很是美味，但每天早上都吃的話會對健康造成意料之外的影響。賴床十分鐘的話，起床後你可能感覺準備好迎接新的一天且感到更快樂，也有可能你會需要那十分鐘去彌補擁塞的交通或誤點的火車，以至於最後你得快馬加鞭參加一天當中的第一個會議。為了做出最好的選擇，首先我們需要知道前進的方向。一個帶領我們更接近終點的方向。我不是說要把事情寫在石頭上，但研究顯示將目標寫下來達成的機率會大大提升。提筆謄寫這個動作能讓目標更具體也更清晰。所以說，拿起筆，寫下對未來的渴望吧。

成長過程中，我最喜歡的一本書是《愛麗絲夢遊仙境》（*Alice in Wonderland*），其中我最喜歡的角色是柴郡貓（Cheshire Cat）。他有段智慧箴言，多年來一直伴隨著我：

愛麗絲：「可不可以請你告訴我，現在該走哪條路？」
柴郡貓：「很大程度上，這取決於妳想前往的地方。」
愛麗絲：「哪裡都行。」
柴郡貓：「那麼，走哪一條路並不重要。」

——路易斯．卡羅（Lewis Carroll），《愛麗絲夢遊仙境》

儘管諸多方面來說，柴郡貓說的並沒有錯。清楚知道自己的目的地是個好想法，也合情合理，但你又該如何選擇、如何意識到自己即將走到岔路口呢？

有幾件事情必須銘記在心：

1. 睜大雙眼——不這麼做的話，怎麼知道自己在哪裡呢？
2. 別走太快——會錯過一些很重要的拐彎處。
3. 出發前先設定好目的地——不需要是明確的地址，但有個大概方向會很有幫助。
4. 足夠瞭解自己旅途上需要的一切。

小故事 Story

很高興能夠分享我做過最重大且相當喜愛的決定之一，就是在二〇〇七年成為一名自由工作者。離開企業生活時，這條岔路口比計畫中來得早。我之前在B&Q公司的人力資源團隊擔任人才管理經理。那是我首次任職人力資源部門，因為在此之前我獲得的是審計師的資格（在一間軍校念書——但晚點再說這則故事）——對此我由衷感謝老闆麥可提供這個機會。

在我報名倫敦為期六個月的課程以重獲資格認證時，公司替我支付了心理學與個人發展等課程的費用。其中一門為期四天的課程是要研究推動決策的人類行為，由於訓練師經驗豐富，我們以創造自己的未來願景來測試理論。在我開始思索自己想要打造的生活、六十歲時想要回顧的人生時，我發現我想要的並不是大型企業的業務，也不是在企業界建立人力資源、學習發展方面的最佳思想領導人的聲譽。我能夠管理大團隊，但仔細思考後，我並沒有從中感到快樂。我更想要幫助個人發展，讓他們成為最好的自己，相信這對企業來說，如此收穫到的商業效益將會是副產品，而非驅動力。我喜歡文化工作，以及能幫助人們成為最好的自己的各種角色。我心中的想像是辦公大樓外有個大垃圾桶，人們每天早上來上班時，會把70%的自己留在桶子內……他們進門，做好工作，回家前再從桶子裡拿回自己，重新變回完整的一個人。幫助公司內的人們完整地投入工作於是乎成了我的使命。

一釐清我的目的和結果，就該開始計劃如何以最佳方式進行這項工作。我還清楚地意識到，裝滿70%人類個體的垃圾桶並非我一人的想像，也不只存在於辦公大樓，它遍佈整座城市，遍佈全球。因此，這只意味著一件事——我需要成為自由工作者，盡己所能幫助組織內盡可能多的人。

從南安普敦大公司的人才管理經理變成為多間組織工作的自由工作者，這樣的變化很巨大，但因為我把它作為目標的關係，讓我在不到一年後遇到岔路時，能夠更游刃有餘、更明確地做出決定。對我來說，真正的岔口是位於倫敦的公司提供了一個機會，是一個要帶領組織內的領導發展部門的職位，這麼說吧，他們需要的是徹底改變，而非成長。我知道這對我和我丈夫來說，將會是非常劇烈的生活轉變——我們認識的大多數人都在三十歲出頭離開倫敦，而不是搬過去。

其中一條路很舒適，在河畔的家、充滿確定性、已長時間在此工作、認識我的人都信任我的技能；另一條路鋪滿了不確定性、刺激、有機會從事真正有挑戰性的事務，且搬到全世界最棒的城市之一、有這項經歷將離我成為自由工作者的夢想更近一步。不用想也知道該怎麼選。道別很感傷，但感覺沒有錯。有了個人職涯教練的支持，我能夠和公司執行長進行一場困難的對談，辭去已經開始進行的重大方案。

下一個岔路口出現在我在倫敦工作了幾年之後——一個成為失業人士的閱讀。我本來計畫二〇一〇年轉為個體經營，但當時是二〇〇六……太快了。但我睜大雙眼，發現有機會更快地將計畫化為現實。再一次，邏輯很簡單，因為我很清楚自己正在創造的未來，所以這條岔道就是我要走的路。這次我的情緒很激動，因為一切來得太快了。我那傑出的教練再一次詢問我一些很聰明的問題，讓我的理智和心緒能夠在同一陣線。他要我想像一下，如果週一早上去上班時沒有提離職，那會是什麼感覺；接著想像另一種情況，又會是什麼感受。第一個問題讓我感到既沉重又傷心，後者則是輕盈、有點噁心但激勵人心。因此，有了這樣的理解，這件事的邏輯和我長久的夢想一致，再加上親朋好友的支持，我邁出了新的一步。多年來我一直向人們講述我的計畫，能打電話給他們、告訴他們我信守諾言、有勇氣這麼做，這感覺真是太好了。個體經營事業向我招手了。

現在，當我講述故事時，我發現遇到岔口時我有屬於自己的柴郡貓問我一些尷尬但有用的問題。擁有一位教練大不相同——有一個「支持我」但也朝我拋出質疑的朋友加速了我的決定和行動的步調。當遇到岔路但柴郡貓不在身邊時，這裡有些有用的問題，希望對你有益。現在就試試看，用在目前需要的抉擇上：

Exercise

決定你的心之所向——引導性問題

1. 你想要什麼？對你有何用處？
2. 完成後，該如何明白自己已達成目標？完成目標時，你將看到、聽到、感受到什麼？其他人又會看到、聽見、感覺到什麼？
3. 你能開始並維持住結果嗎？
4. 你想要什麼時候、在哪裡、和誰做這件事？反之，不想要什麼時候、在哪裡、和誰一起進行？
5. 在目前的處境和行為中，有什麼是你想保留的？

6. 對你來說值得嗎？值得花時間嗎？這樣的結果符合你的身分認同感嗎？

承諾的力量

你有辦法承諾什麼？我不常聽到人們談論這件事。「我保證要如何如何」是一句非常強烈的聲明。如果有更多夫妻和團隊說出他們的諾言，而非需求、目標和期待，或許他們會變得更加強大並緊密相依。承諾不只是欲望，也不只是目標和責任。它擁有獅子的心和天才的頭腦。

若你們所有人都參與比賽，那麼便兌現了諾言。承諾並不是你能在板凳區或看台上做的事情。你必須在球場中才能進球得分。承諾創造動力。當事情變得困難時，它決定了我們如何應對進退。

人生中一項顯而易見的承諾便是婚姻。一九九七年結婚時，我當時的男朋友（現在是丈夫了）馬可斯正和德文郡的農民們一起在乳製品業工作。我記得有一天傍晚和馬可斯碰面時，他說在我們向彼此做出承諾前，他一直在做些研究。我想說怪了，學術界絕對不是他感興趣的範圍啊，但我還是挺好奇的。他說他已經和農民們一起巡視了一週，檢查他們的牛隻，並且談論到了婚姻，他問「怎麼樣才能維持婚姻長久」。這時我非常感興趣了，因為身為一個相當了解農民的康瓦爾女孩，我知道大多數農民的婚姻都維持了四、五十年……所以倘若真有人知道秘訣，那肯定是農民們。他們的答案始終如一：「現在的年輕人就是不肯嘗試！」

諾言之中似乎含有決心的成分。它會將訊號傳遞至我們大腦，讓我們知道自己正執行一場災難或是一項成就。這體現出來的是「能做－會做」的態度，而非「哪一個最簡單」的方法。

Exercise

你的諾言

找些獨處時間。用這些時間深呼吸，誠實面對自己；反思並好好斟酌。

可能想思索生活的某一個層面，比方說工作，或者你可能想思考整個人生——決定好了之後，問自己這些問題：

- 你承諾了你的團隊什麼事情？
- 你為公司做了什麼承諾？
- 你允諾家人什麼事情？
- 你替你的感情／婚姻做了哪些許諾？
- 你對自己承諾了什麼？

你可能會發現，生活中的某些領域比其他領域更容易回答。倘若如此，那麼這是一個指標，指示了事情的重要性、其中的疏漏和失落。不論哪種，察覺就是第一步。接下來要做些筆記，讀完這本書時，你就可以替那些生活領域做出不同的選擇。

一對一合作的人之中，我發現女士通常都覺得「我承諾了自己什麼」是個很艱難的問題。若你也這麼認為（不論你是男是女），那麼現在或許是時候休息一段時間，找找許給自己的諾言。上一次你不為任何原因做某件事是什麼時候？

你喜歡做什麼事情，上一次花時間做這些事是什麼時候？

畏懼失敗會使人軟弱

「失敗」是個絕對會引起情緒反應的字眼。對某些人來說，這會令人回想起學生時期，那是相當難忘的經歷。如今，許多組織使用的紅綠燈系統被設定成可以替大量人們按下失敗鈕。對還沒接觸到這個系統的人來說，這件事相當有畫面，若是注重結果、而非問題和究責的公司以支持且誠實的角度使用，這個系統會非常有幫助。目標設定完成後，會根據你個人／團隊／公司的表現顯示紅色、橙色、或綠色燈光，紅色代表脫離正軌；橙色是還可以；綠色則是合乎進度或是已達成目標。過去幾年我合作過的許多組織都得到了失敗的結果，因為他們在制定方法時沒有考慮到對失敗的恐懼。對某些人來說，這樣視覺化的方式會阻止他們嘗試，至於其他人，他們會偽造圖表展現一片美麗的綠色世界，但事實上猩紅色才是更準確的色彩。這是恐懼造成的，若紅燈亮起或事情偏離軌道，甚至可能不是因為真實的負面經驗。

團隊和組織中存有會影響行為的文化記憶。對許多哺乳動物而言，這都是與生俱來的本能，我讀了以下這則有關猴子的故事後明白了這一點：

有一個實驗是將五隻猴子關在同一房間裡，房間中央有棵香蕉樹，每當有猴子設法爬上去採香蕉，灑水系統就會朝所有猴子噴水，直到牠們全都遠離樹木為止。這個實驗一直持續到所有猴子都學會不要靠近樹木為止。比起香蕉，猴子們更喜歡保持乾爽。

實驗的下一階段是將其中一隻猴子換成沒有被噴過水的新猴子。這隻新猴子很快就開始試圖接近香蕉樹。然而，灑水系統還沒啟動，其他猴子就採取行動將新猴子趕離樹木。這個過程重複了好幾次，直到新猴子學會不要靠近香蕉樹。

研究人員繼續逐一替換原本被灑過水的猴子。最後，房間裡都是沒有因為靠近香蕉樹被噴水的猴子，但仍舊會擊打任何走近樹木的猴子。牠們都不知道為什麼不能靠近香蕉樹，只知道那裡是禁區。

一間公司的文化和「標準最佳習慣」緊密交織，這些習慣不受質疑，也未曾被取代。

你工作的地方也有「香蕉樹」法則嗎？

像紅綠燈這樣的系統，或者其他只是成功或失敗的方法，你都需要設定一個基調，即失敗就是對該系統的回饋。它指示我們的下一個選擇，因此非常有用。要是愛迪生在前一千次發明燈泡失敗後即放棄，那麼我們現在還會身處真正的黑暗時代！現在，我並不是說在高風險的情況下，你不會想降低失敗的影響，假如我在一架飛機上，我只希望機長在確認所有系統都正常的情形下才起飛、飛行與降落。從錯誤中學習不需要賭上性命，這是在創造動力。對大部分的人來說，在職涯或是生活中失敗一些事情了並不會要了我們的命，但我們所做的選擇經常給人生死攸關的感覺。有些人擁有令人驚嘆的擔憂技能，甚至在事情開始前就忍不住焦慮。

小故事 Story

過去幾年我和一家全球通訊公司合作時，這種文化準則和面對失敗的態度進入了我的生活，讓我真正了解到，不同的失敗方式如何影響商業成功、留住及招募優秀人才，並最終實現目標。策略上來說，他們尋求多元化經營，希望採取創業的方式來開拓業務。現在，一聽到大型公司說要幫助人們更具企業家精神，我就會很擔心，因為那通常代表要去上課，僅此而已。

學習「如何」成為企業家是件很棒的事，但如果回到公司內的大型、開放式辦公室，等級制度就會扼殺靈感，你得要證明自己的成長，並且要每週／每月／每季向股東提出報告，這樣就等於是在做毫無成功機會的事。該客戶採行的方法的優點在於他們的思維更加寬廣，模仿矽谷的成功策略，運用了「快速失敗」一這個商業方式。此方法的理念是，每八到十個商業靈感中，其中八、九個越快失敗，你就能更快將資源及注意力投放在其中一到兩個可行的方案上。負責失敗方案的人和負責成功方案的人一樣受人尊重，因為倘若沒有這十個想法，就無法從中發現瑰寶。如此促成了誠實的行為，領導者們慶祝測試的速度，產生了對事情進展的真實報告，因為此時只有正向的結果——失敗只是反饋。

你對失敗的態度為何？

失敗來臨時，我發現有三種應對方法。若要替它們取綽號，那麼會是半吊子、鬥士和大師。在我的一生中的不同階段，我帶有偏見地經歷了這三種角色，二十多歲時我是個半吊子，二、三十歲時是個鬥士，三、四十歲時成了大師……雖然我知道我的工具包裡仍然有半吊子的方法，因為那實在很有趣！那麼我到底是在說什麼呢？來吧，讓我將這三位朋友介紹給你：

就用體育活動來說明半吊子的方法。這是一個能用於職業、人際關係、運動與生活的方式——其實能用作任何方面——但以運動為例絕對能幫助你理解該如何行動，所以你可以考慮這是不是你可能執行的事情。

我拿起高爾夫球竿，揮竿動作還不錯，可以在球場上走動而不會太尷尬，然後我發現好像都沒有進步，所以去上了一兩堂課……結果變得更糟。因此我告訴自己，「喔，不要緊，我不是打高爾夫的料。」接著改打網球。我帶著嶄新的裝備踏上球場，享受著這一切，我可以來回擊球幾次，也很喜歡這項活動，於是便一直打下去，直到我發現自己已經進入停滯期，完全沒有進步。於是我告訴自己，「喔，不要緊，我不是打網球的料，這運動不屬於我。」接著，我改嘗試慢跑。我不斷增加跑量也很享受戶外運動，直到有一天我似乎沒法完成二十分鐘內跑完公園一圈的目標……所以我告訴自己，「我本來就不是跑者。」接著……

現在，鬥士會採用跟半吊子截然不同的方式。當你在技巧上碰壁並進入停滯期時，內在聲音會說些讓你更有自信的話。想想我們半吊子朋友的高爾夫故事：

……我拿起高爾夫球竿，揮竿動作還不錯，可以在球場上走動而不會太尷尬，然後我發現好像都沒有進步，所以去上了一兩堂課……結果變得更糟。因此我告訴自己，「我可以的，我一定要做到，沒做到的話人們會怎麼想……啊，起身去多多練習

半吊子

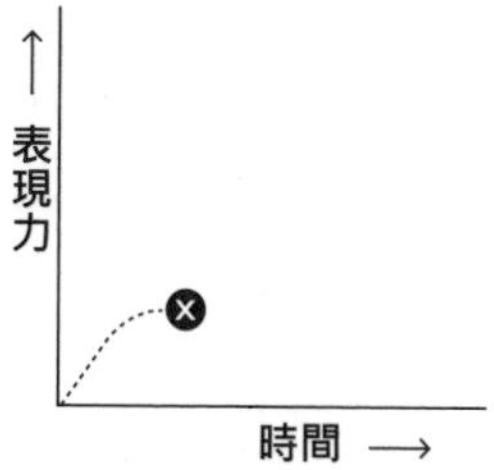

高爾夫

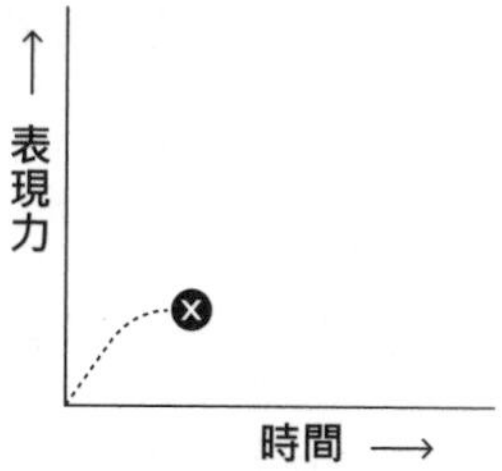

網球

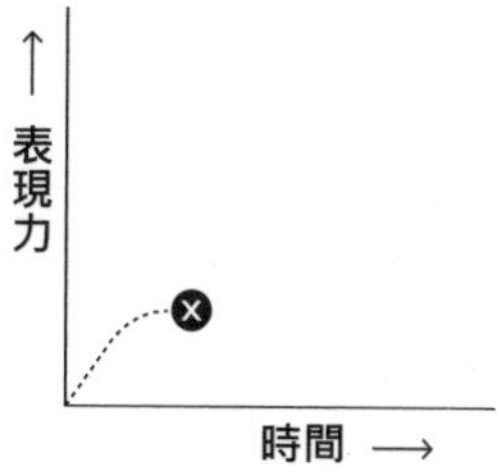

帆船

鬥士

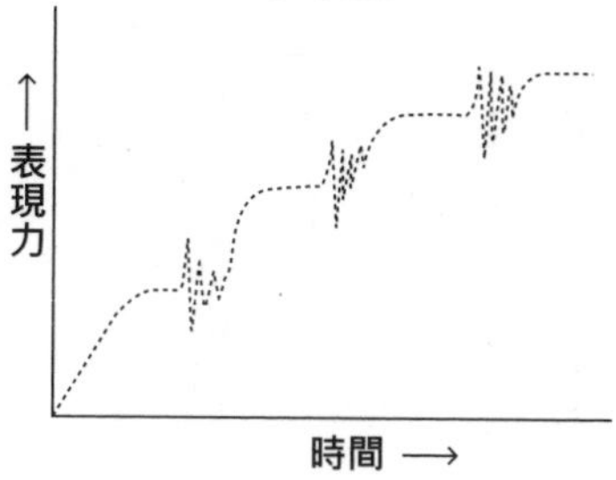

大師

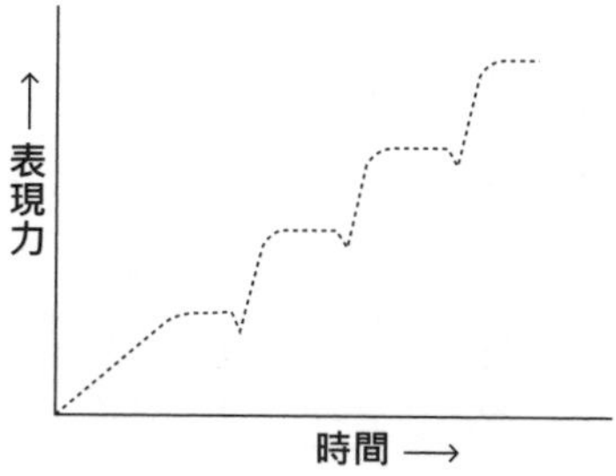

吧……加油加油！」或者是別種話語，因為我們的內在聲音語氣都不同，也有不同的幽默程度。相似之處在於，對於鬥士來說，當你面臨選擇的時刻時，這是一種掙扎，你必須戰鬥才能抵達另一端。你將告訴自己要做某些事，無論痛苦或代價為何，你都要完成它！

最後，但絕不是最不重要的，便是我們的大師了。我認為這是這群人中較為成熟的一個，精力充沛、有專注力且兼具智慧。我相信，當你處於最佳狀態，特別是學習新事物時，你就是大師。所以回到高爾夫的故事：

我拿起高爾夫球竿，揮竿動作還不錯，可以在球場上走動而不會太尷尬，然後我發現好像都沒有進步，所以去上了一兩堂課……結果變得更糟。因此我告訴自己，「哎呀，是個停滯期，我一直等著你呢。」我保持冷靜，找回注意力和動力，繼續練習突破停滯期，因為我知道堅持下去就能通往更高級別。我明白我會進步一小段時間，然後會有另一個如此的時刻，「啊，又一個停滯期，我也正在等你呢」……我意識、也接受要想達到另一個級別，就必須先面臨一個停滯期，這意味著每當突破一段停滯時期，我都能擁有成就感，因為我正在成為大師的路上。

TIPS

認識這三種角色後，想想你最常遵循哪種模式。你在生活的不同領域中，有採用不同的方式嗎？它們是否有效，或者你希望某些方面能有所不同？

Exercise

杞人憂天夥伴

若你的生活不斷有恐懼和失敗，那麼讓我介紹一下這位杞人憂天夥伴！在人生中的任何時刻。焦慮襲來時並不會激勵你，事實上它可能扯你後腿，那麼以下這個機制能讓你再次行動。焦慮是種情緒反應，雖然有時候不太合邏輯，但總歸是出於善意。和客戶合作時，我發現最常見的焦慮是為了以某種方式確保你的安全。無論是保護你免受名譽受損這類想像中的宿命，或者是讓你免於被解雇，憂慮的策略都是為了確保你安全……但有時候卻帶來反效果，甚至是以某種不作為的方式阻止你獲得真正想要的東西。

杞人憂天夥伴

情況／擔憂	例子：一位顧客向你老闆投訴你的服務方式。
最糟情況發生的機率	5%
需要減輕的高／中／低風險	低
可能發生的最糟情況	你老闆很生氣，把你叫進辦公室，不僅罵你一頓還把你開除了。你沒有好的推薦信，不可能找到新工作，且也付不起貸款，最後被銀行趕出家門。
行動	寫信向顧客表示歉意並寄送副本給老闆，讓他／她看到你在問題化大之前所做的行動。

基本上你正在做的事情是：

第一步：以書面形式清楚定義你的憂慮。

第二步：以書寫確認最壞的可能後果。

第三步：考量最壞情況發生的可能性，並決定是否要接受它，或者採取行動減輕後果。

第四步：立即採取行動。

態度是一切

每天早上，你都能決定想要怎樣起床（當然，包含了生理上和心理上的起床）。這個決定不僅影響你的一整天，也影響到和你互動的每個人。人生中的某些時刻，笑著從床上跳起似乎不太可能……甚至不太合適。我無法想像公公過世那天我能笑著起床。如果我充滿活力、快樂且樂觀地蹦蹦跳跳，我的家人不會高興，如此也不能反映我的真實感受。忠於自己的情緒並保持真實是所有選擇的核心。態度不是指一直保持「快樂」，而是專注於成果，並選擇達成目標的路徑。

做你人生的駕駛

在你的一生當中，很可能遇到以「失敗者」或是「受害者」模式過活的人。可能你自己也是這般。生活中聽到或者說出這樣的話：「你令我生氣」、「你做某件事時，我覺得很XXX」。這些時刻你都選擇成為人生中的乘客，而非正駕駛。這些時候你都是「事情的後果」。握住方向盤，朝你選擇的生活與方向前進，穩穩地做在駕駛座上。這樣的時刻你是「一切的起因」。

身為「起因」意味著你選擇讓自己坐上駕駛座。你相信自己是打造生活的人，也代表無論情況為何，你都能夠改變生活。

身為「後果」則代表你相信並接受其他人握有你的世界及感受的掌控權，而你無能為力改變一切。

這兩種說法可能都沒有錯。我不是在說其他人都沒有影響力……然而，若你想像一下自己真的創造了專屬的宇宙，那麼哪一種說法才是對的呢？若你著實打造了自己的宇宙，那麼便帶來了其中的一切。創造完成了之後可能會遇到問題，那麼則需要尋求改變而非僅是坐下來接受它們。你有改變的力量。

工作時，我發現人們經常會陷入這樣的困境：他們在遇到問題時將權力交予他人，因為他們覺得自己別無選擇、無能改變事態。

很多人來向我抱怨：「我已經用不同種方法告訴過他了，但他都搞不懂。」只要你抱持這種態度，就無法改善溝通的結果。你甚至不承認自己有問題這個事實。你把問題推給了承受者。這能讓你短暫感覺好一點，但解決不了問題。

如果你把回應改成以下這樣，就能大大提高效率：「我已經用不同種方法告訴過他了，但他都搞不懂。我必須學習他能理解的溝通方式。」採用這樣的方法，你正是在為這場溝通負責，也能開始尋找新的、能達成理想結果的溝通方式。

「從你為自己人生負責的那一刻起，就是能改變生活中任何事物的時刻。」

——哈爾．埃爾羅德（Hal Elrod）

小故事 Story

我最近受雇於一間大型慈善機構，合作對象是他們的政策與品牌主管珍。公司的目標要她的團隊做出必要的改變，希望她開始與企業合作夥伴開始更多商業活動，我的任務是支持並激發團隊的挑戰力。

人力資源總監發現，珍變得越來越安靜，和往常熱情的態度相比，似乎有點壓抑。首次見到珍時，我注意到的是她描述問題的方式。她說：「公司令我覺得自己很沒價值。」對珍來說，推動她成功並實現目標的因素，往往都是她有意識到自己的重要性，接著著手做出了改變。所以說，這番話對她而言非常重要，同時也令她身陷泥沼，因為「公司」掌握了所有卡牌及選擇權。

合作結束時，珍找回了自己的信念：「我做出了實質的改變」，並補充了一些告訴自己的話：「我接受公司內的文化束縛，我的老闆表現得不理想，但門一直都在，我可以選擇離開，在工作之外滿足自己的創作需求。」

我們首先要探索的關鍵領域是她最初的言論的開頭——「公司」。「公司」太抽象了難以思考，所以你得想想「公司」具體上是指誰。珍的例子當中，公司代表的是她老闆約翰以及總裁馬丁。藉由將「公司」的概念拆解成兩個人，珍便能夠釐清現實，並暫時站在他們的立場。她理解到，約翰是一個壓抑且注重隱私的人，無論工作表現為何都改變不了這一點。接受了這項事實後，珍能夠探索對自己而言重要的東西，如此便能感到受重視。她理解到，她的價值來自於創意，創意來自於幾年前停止的繪畫。她也發現她的專注力一直放在約翰和馬丁的缺少回應上面，這就代表了她沒有注意到其他團隊成員和商業客戶寄送的正向的郵件及評語。和約翰建立交情並詢問了他的想法，再加上拓寬了自己對「做好工作」的衡量標準之後，珍將自己的態度轉變為「我有選擇」並握有掌控權。

Exercise

時間選擇

想想你花費最多時間的事情。

你是否是生活中的「起因」，並真正為人生中的事情負責？或者你更是世界中的「後果」，覺得「受夠了」？

你目前的生活方式適合你嗎？

若身為生活中的「因」，會有什麼變化？

若你確實想要改變，那麼便開始替自己分解事情。方法是問問自己——我想要什麼？我真正想要什麼？若能擁有一件東西，那會是什麼？我想要怎麼進行？下一步該怎麼做？

與生俱來或後天學習——態度改變一切

嬰兒時期，你的學習方式是透過因果關係，藉由不斷嘗試從錯誤中學習。你會為了測試照顧者的反應，或者為了聽到食物落地的聲音，故意把嬰兒高腳椅上的食物弄到地上。你還不知道什麼是地心引力，但卻充分運用了這點。

長大後，學習的核心方式並未改變，只是變得更複雜。我們一生中的重要經驗都會被儲存在大腦，以便日後參考。重要性跟大小及聲音不需劃上等號，可以是安靜且細水長流的事物。若你生活在一個媽媽害怕狗的家庭，最好的情況是你的生活中沒有狗，最壞的情況則是你會因生活經驗而對狗有恐懼反應。走在街上或公園時，你可能會發現自己走了不同的路，甚至產生了害怕的情緒。這並不是因為你有不好的個人經驗，只是因為你信任的某個人教導你有狗在周圍時，該有什麼反應。在工作場合與某種類型的人相處時，就跟在公園裡和狗相處一樣。什麼樣的人不費吹灰之力就能令你抓狂？是要警惕辦公室裡的「大男人主義者」，還是小心不要被合作的夥伴惹惱？注意你習慣性的反應，並且要明白，這些都只是習慣，而它們能夠促成真正的改變，讓你選擇做一些不同的事。

研究證實，人類出生時，藉由測試特定的化學製品，能夠測量你天生是個悲觀主義者還是樂觀主義者。這時你可能會想，噢，我的態度已經無法改變了……但事實不然。隨著越來越多經歷，我們的神經系統會發生變化。我注意到西方社會重視與鼓勵悲觀主義。瞧瞧我們會犯何種不同程度的錯，且將別人的失敗當成自己的快樂似乎是家常便飯。

當我們處在一個充斥著人身危險的世界時，悲觀主義是一個非常有用的起點。如果你踏出家門，有可能被一頭動物吃掉或者被攻擊，那麼打開門後，預期這些事情並準備好保護自己和家人是件好事。然而，最近我們很少會遇到人身危險了。大多數的危難都是心理層面的，所以我們的悲觀想法有點不合時宜，需要更新一下。對部分的人來說，悲觀主義實際上就是現實主義。如果我相信自出生起，掙扎和死亡是必然的結果，那麼就沒什麼事能讓我們失望了。聽起來可能沒錯，但要是研究指出，當一個樂觀主義者你會更快樂、更健康以及更成功，那麼為何不當個樂觀的人呢？

說起樂觀主義，我想要澄清一下，我說的不是「快快樂樂小隊」。沒有什麼比那些總是正面陽光、開心得咯咯笑，但卻很少意識到他們對別人影響的人更令人惱怒了。如果人生是座花園，我不是要跟你說「裡頭沒有雜草」。花園如人生，雜草在所難免。其中一個選擇是看向花園說，「天哪，看看那堆雜草，難看且長個不停，永遠不會消失且佔滿了整個空間」，聽起來一樣不激勵人心也沒有成就感。也許想要獲得最佳結果的平衡態度是站在花園裡看，看見雜草還有花朵後穿上雨鞋、抓起鏟子，將雜草挖出……或者是去找一位附近的園丁，帶一些花回來妝點你家。這些方法都沒有錯，而我知道我比較喜歡哪一種。

若你贊同自己適合樂觀的生活，那麼有一點很重要，**切記平衡的樂觀態度就是，將逆境視爲一次性的短暫事件，而非普遍永久的**。這關乎你的「解釋風格」，也就是你習慣用來解釋周遭世界的方式，尤其是針對逆境。你可以把事情（好事或壞事）解釋成一次性的或者普遍的，比方說第一次考駕照失敗了。將之視為一次性的事件，並不代表你每次考試都會失敗。「解釋風格」的另一種面向是暫時的或永久性的，以摔斷腿作為例子。你可以選擇把摔斷腿這件事想成暫時的，而非永不痊癒的傷痛。同樣的思考模式用在沒有錄取申請的工作、升遷失利時也能幫助你快速重振旗鼓。不論是在職場或家裡，你向自己解釋事情的方法都會帶來很大的不同。

幾年前我讀到一篇文章，是關於一名記者和一位心理學家拜訪了美國的一座監獄，採訪一名被關在死囚牢房的罪犯的兒子。那名罪犯有兩個兒子，一個因為暴力罪行坐牢，另一個是社區教會的牧師。他們感興趣的是，在同一個家庭由同一個暴力父親養大的兄弟倆怎麼會走上全然不同的道路。翻閱採訪所做的筆記時，記者發現兩兄弟在回答問題時講了同樣的話，「你是怎麼走到今天這個地步的（監獄／教會）？」他們都這麼回答，「這個嘛，有這樣的父親你能指望什麼！」

一切都是態度使然！

Exercise

靈活的樂觀主義，ABCDE 機制

學習變得更樂觀比你想像得容易許多。我發現很快就能成為習慣的一個技巧是「靈活樂觀主義」的「塞利格曼 ABCDE 機制」（Seligman ABCDE）。

假設我正在前往工作面試的路上，結果我為面試新買的洋裝有很多皺摺（這是

ABCDE機制

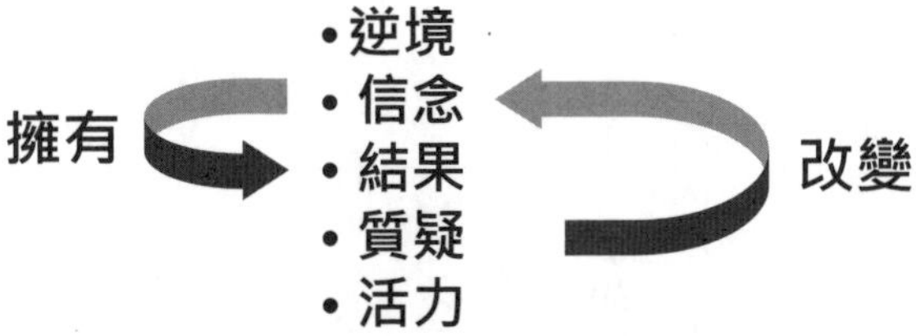

逆境）。我沒時間補救情況了，所以必須穿著皺巴巴的衣服參加面試。

此時我的信念是，面試人員看了我一眼，覺得我不重視外表、不夠有條理，也可能認為我對公司或者職員不夠尊重，沒有做出努力（信念）。

這樣的信念造成的結果就是，我在進入會議室前就抱持一種被擊垮的態度。以這樣的心態我能得到工作嗎？不會！

現在，是時候質疑這種信念，以及這種面對逆境的思維方式了。想一想其他正確的方式。也許這能成為一種話題，能變成等候時與其他求職者建立融洽關係的方式。也許他們過去也有相同的穿衣失利經驗。

也許類似亞麻布的材質能讓他們想起上一段假期，讓他們保有正向的心情。很多事情都有可能是正確的，也可能不是，重點是，一旦你開始構思替代方案，你的活力指數就會增加。藉由更有活力地影響逆境的後果，你更有可能得到正面的結果。

擁有良好的態度，任何事你都能做

如果讀了「任何事你都能的做」這句話之後，你腦海中浮現一個思想開明、過度熱情的X音素（X factor）[1]參賽者的父母，那麼請再好好想像一次。你正處在一個思想廣泛、能擴大機會，而非封閉自我的空間……但不要欺騙自己或旁人以為自己是專家或是下一個惠妮．休斯頓！所有曾經或是正在從事銷售業的人在上培訓課程時，幾乎都被分享過亨利．福特的名言，若沒有聽過這位勤奮小伙子所說的話，現在可以看看：「若你相信自己有能力，又或者你相信自己辦不到——你都是對的。」將大規模生產的概念融入一輛黑色汽車，讓「普通人」都能享受創新的熱

1　在英國開始舉辦的歌唱真人選秀節目，在世界各地皆有自己的版本。

忱，這需要貨真價實的信念。而這改變了世界！

要想實現任何目標，都需要靈活的方法和100%的責任感。接受自己生活的所有權和結果是一件非常強大的事。

小故事 Story

你可以從各地汲取靈感和榜樣，例如二戰集中營倖存者維克多．弗蘭克爾、在中東被當作人質的泰瑞．維特，或者是我的大姑婆海倫。

我們大多數人都很幸運，沒有經歷像維克多．弗蘭克爾和泰瑞．維特那樣極度黑暗的人生事件，然而我們能從他們的經歷學到很多關於態度如何影響生活的故事。維克多．弗蘭克爾相信他比捉拿者擁有更多選擇。他知道無論捉拿者對他做什麼，他都能以自己選擇的方式作出回應。他接受自己無法控制對方的行為，但他明白自己能選擇如何反應。即便是在最黑暗的日子，在那些不被當人對待的日子，他都選擇回應每一個獄卒，彷彿每個人都是擁有希望、恐懼、喜好和厭惡的個體。在如此嚴峻的情況下，他的決定和態度幫助他存活，成為一名鼓舞人心的作家和老師。泰瑞・維特是被狹持到中東的人質，他選擇在腦海中撰寫一本有關個人經歷的書以示回應。

現在來說說大姑婆海倫，她的故事沒有那麼戲劇性，但可能也有關聯。小時候去位於康瓦爾的平房探望她時，我們都會聚集在廚房裡，因為和姑婆一起洗碗真是太好玩了。幫忙的時候，可以聽到很多家族的故事，也能學到智慧。現在我明白，姑婆可能並不喜歡洗碗。她替這項任務帶來的感染力讓所有人都覺得很有趣。多年來，當我面對一件原本很平凡的任務時，這個經歷時刻伴隨著我，幫助我激勵團隊。

知識是其次

都說我們正活在一個知識的年代，如果和製造業的年代、工業時期或者依靠農業獲取經濟的時期相比，這話說得沒錯。環遊世界確實能告訴你，我們對自己所處時代的看法取決於自己出生的國家，甚至是自己的經濟狀況。

在西方世界，我們確實正處於知識時代。知識如影隨形，無所不在。但事實上，很多人付出大把金錢想要擺脫它，我也和許多高階主管們合作，約束他們不去追求它。黑莓機的呼叫聲、小藍光閃爍、iPhone的聲響顯示有人找你、有人需要你、有人要和你說話……這對某些人來說很迷人也令人上癮。與朋友們進行漫無邊際、有時相當有趣且有說服力的辯論的日子已經結束了，這些爭論關於世界上最長的河是哪條、千禧橋旁邊的男子學校叫什麼名字，或是誰贏得了一九七〇年的世界盃，現在這些問題幾秒內就能得到答案了。成長在當今的這一代人，可能永遠不覺得有必要踏入圖書館，肯定也不會用我記憶中的方式做研究。我猜，杜威十進位圖書分類法（Dewey decimal system）應該再也不會出現在學校的課綱中了。

今天，學習的管道比以往更容易獲取，也更快速且富有創意。擁有知識且成為一個終生學習的人是種樂趣。這也是一種選擇，選擇花多少時間學習還有如何運用知識。對於部分人來說，擁有知識可以讓他們在公司內發揮影響力。有聽過「知識就是力量」嗎？以我的經驗來看，這並不是運用知識的健康態度，然而我在工作時確實抱持了這樣的態度。我發現那些死守知識的人會製造分歧，並打造出一個基於恐懼的非學習環境。我覺得這挺奇怪的，就我看來，若我熱愛知識並學習到新的，為什麼不願分享呢？權力和安全感是我所見到的兩大原因。通常，對於權力的需求是源於恐懼。那種恐懼是：「如果我會的不夠，或是不如別人，那麼我的價值在哪——我會被開除的。」害怕失敗、害怕出錯、害怕旁人眼中的自己不是最頂尖，這些都是恐懼的驅動力。當我和公司的領導者合作時，這樣的恐懼往往是微觀管理等行為，或是缺乏策略思維的核心問題。克服恐懼，你就能擺脫這些行為——你改變了態度。

在你的生活和職涯中，你都會經歷這樣的時刻，回首一看，某些特定的人對你選擇的道路和決定有著重大的影響。當時有些影響看起來很微小甚至不重要，有些則看得出來會改變你的生活。這一切都引領你朝著某個方向前進。

小故事 Story

想到知識和態度，我經歷過最好的例子就是職涯的轉捩點。我認為金融業和審計師的身分並不符合我的優勢，且我已經成功地在我任職的全球組織中擔任商業職能部門的專案經理（聽起來就跟想像中一樣令人興奮）。商務主管聘用我，其中的風險很低，因為我先前財務和結構化的營運方式很符合這個職位。這開啟了人際關係以及談判磋商的世界，因為基本上我被聘為律師、採購和生產者們的翻譯員，讓他們能以同種語言交流。十八個月後，我知道自己想和人群有更多相處時間，幫助他們發展，並藉此替他們以及公司帶來改變。

人才管理經理這個職位是在內部發布的，一開始我心想，「噢不，人力資源團隊才不會讓沒有任何經驗的人擔任這種級別的職位」……接著我想到亨利．福特和他的名言，「你相信自己有能力，又或者你相信自己辦不到」。他就坐在勵志的演說家暨作家東尼．羅賓斯（Tony Robbins）的旁邊，後者大喊，「感受恐懼，無論如何都要行動」，而我過去的老師羅賓森先生也說，「嘗試過後妳才會知道」……作為一個在想像中的激勵團隊，他們很堅定！所以我挺身向前，和招聘經理麥可接洽。直至今日，我還欠麥可一個大大的感激之情，因為要不是他堅信態度凌駕於知識，我將永遠無法踏入我所熱愛的個人發展世界。面試之後，他對我的評價是一個快速的學習者，願意迎接挑戰，能夠在上級要求時即刻跟上進度。那時麥可是一位真正的老師，真誠地相信個人的天賦，也提供空間給人們（我）去成長茁壯、發揮潛力。現在，擁有超過五千個小時指導與發展經驗的我，一直認為這種信念和相關經驗是引導我的核心原則之一，同時意味著其他人的生活也因此改變。謝謝你，麥可。:）

接受可以賦予你力量

生活和職涯中有許多時刻，我們發現自己陷入了某種衝突中。可能是和他人有分歧，也可能是和自己過不去。不管如何，有時候我們會忽略這一事實：對於這些鬥爭，我們有權利選擇參與與否。我們是地球上唯一一種事情發生時有能力選擇如何應對的哺乳類，選擇可以是立即戰鬥、逃跑或者僵在原地。這是真正的「反應能力」或者反應的能力。

你唯一能改變的人只有自己

儘管在生活中這聽起來可能很迷人、可能令人沮喪，可能是嘗試改變別人正在做的事情的唯一選擇——但接受「你唯一能改變的人只有自己」這句話可以省下大把時間、氣力、心血、汗水和眼淚！任何改變的發生都需要具備兩大要素：意願和

有意願還是不夠
你必須行動

能力。

所以說，如果有人阻礙你實現目標，那麼他們既需要有意願也需要有能力造成改變。沒有欲望，什麼都做不了。更有效的辦法是改變自己、改變自身行為。我親眼見過也體驗過改變帶來的力量和魔法。我不知道這是不是鏡像神經元、人類融入社會的渴望，還是我們從小就養成的模仿習慣，但「微笑，世界就跟你一起微笑」這句俗話似乎是對的。

小故事 Story

我一直有和媒體產業的客戶喬合作，她準備在國際組織中晉升高階主管。她面臨的挑戰是，她之所以一直待在現在的職位，是因為她老闆亞當身患重病，因此執行團隊希望她能留下，以防亞當不得不長期離開崗位，從而減輕組織面臨的風險。眾所皆知的是，亞當很可能在十八個月內選擇退休，但同時間團隊內還有要處理的商務。

和喬合作時，我們感覺到了因為被困在原地而產生的挫敗感正逐漸外顯，很可能會影響她的聲譽。我們還發現，未來她將接手亞當的職位，這個「承諾」有可能是出於好意，但更有可能是為了避免當前的衝突。喬還洽談了另一個職位作為暫調的機會，這會讓她在晉升的路上偏離正軌，但能幫助她維持短期的平衡並修補她的名聲。因此，喬正在思考什麼才是自己想要的。是要在當前百般壓力的情況堅持下去，等著亞當的進展，還是要選擇脫離正軌、但能助自己保持清醒的暫時調動，又或是乾脆離職呢？對喬來說，關鍵時刻來了，她打破了這個循環不止想法：「這不公平——我應該要現在升職，他們應該要處理亞當的失職」，並接受了做決策的董事會成員反對衝突的風格。一旦喬接受了這點，便能夠看得更清晰，也不再心煩意亂，且能夠制定一個符合自己需求同時對公司也公平的計畫。接受創造了空間，做出更好的決定、更好的選擇。

Exercise

元宇宙鏡——感知位置

想像一種溝通效果令人驚嘆的關係、又或是一種溝通無效的關係。無論是哪種，請確定自己想要了解更多／做出改變。

現在，無論是在你的腦海中，還是在現實中，準備好坐在不同的座位上，從不同的角度看待事物。

坐在2號椅子上時，若你正在進行生理的運動，那麼這能大大幫助你呈現你所想到的人類生理機能。身體無精打采，那你也會沒精神。若身體呈雙臂交疊姿勢，那你就是雙臂相疊地坐著。無論他們通常做出什麼動作，你都會模仿，並做出自己的版本。

步驟：

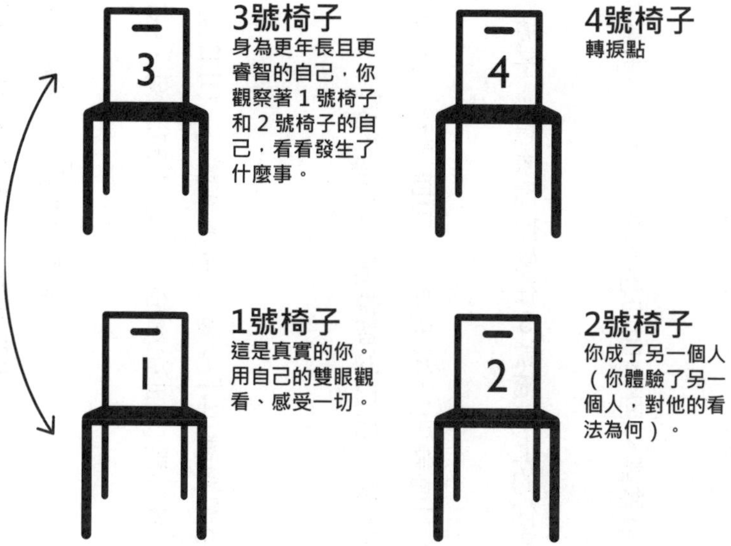
3號椅子
身為更年長且更睿智的自己，你觀察著 1 號椅子和 2 號椅子的自己，看看發生了什麼事。
4號椅子
轉捩點
1號椅子
這是真實的你。用自己的雙眼觀看、感受一切。
2號椅子
你成了另一個人（你體驗了另一個人，對他的看法為何）。

1. 坐在1號椅子看向2號椅子。問問自己，「我正在體驗什麼？」注意身體和感官的感覺。你在想什麼、感覺到了什麼？
2. 移動。
3. 坐上2號椅子，成為另一個人，但是是自己的版本。模仿他的坐姿，看往1號椅子的自己，問問自己，「我經歷了什麼？」注意身體和感官的感覺。你在想什麼、感覺到了什麼？
4. 移動。
5. 坐上3號椅子，成為更年長、更睿智的自己。觀察1號椅子和2號椅子的自己，看看發生了什麼事。問問自己，「你對那邊那個自己有何反應？」、「你想對她／他說些什麼？」
6. 移動到4號椅子。想像你把坐在3號椅子上的你和坐在1號椅子上的你交換。
7. 移動到1號椅子，作為最真實的自己看向2號椅子，問問自己，「現在有什麼不同？」
8. 移動到2號椅子，看向1號椅子的自己，問道，「現在有什麼不同？」

9. 移動到1號椅子，做回真正的自己。

很大一部分的人發現這樣的技巧重複一次後就很有效，其他人則是重複過程好幾次才得到更清晰的觀點。通常這是擁有長期的人際關係，或者情緒高漲時的情況。如果你重複交換3號和1號椅子的自己好幾次，那也沒關係，而且非常有幫助。

接受和放棄是兩回事

藉由接受某事，你賦予自己擁有更多選擇的力量；這不代表軟弱。你透過承認事情的真相並採取行動來表明自己的立場。有意識地選擇接受某種行為、情況或現實意味著你可以選擇如何最好地運用你的能量，而不是被情況掌控並花費自己所有的精力來管理它。

小故事 Story

當我還在公司上班的時，有一次被憤怒和挫敗吞噬。引發我沮喪情緒的是我的老闆，也就是人力資源總監帶著紅筆來參加我精心準備的董事會發表成果。我的表情應該顯露我的情緒了，但當下我用盡全身力氣忍住內心的憤慨，用理性且政治敏銳的方式作出回應。（衝著老闆大吼或沮喪痛哭可能會妨礙到事業！）我已經發現了，每當自己需要就某個主題發表報告時，我甚至在害怕的情緒到來之前就開始感到恐懼。（我能告訴你，這不是讓腦袋清晰或具有創意的最佳狀態。）所以我退後一步，輕笑自己竟然自願進入這種狀態，當時這有一點幫助，但並沒有解決重複出現的問題。

我希望能夠放鬆，繼續做好最佳工作。接受與理解是我做出永恆改變的關鍵。我理解到，我的老闆有理由帶著紅筆來揪錯，而這和我的報告品質沒有任何關係（總之大多時候沒有關係）。他有自身的理由，需要感覺自己有用武之地。他是一個有動力、需要增加價值的人，自從進入董事會後，他發現他所增加的價值不再是有形的——你無法直接看到它，因為這是透過他的思維或他的團隊來實現的。為此他做出了改變。於是乎，每次他審閱報告時我都會送他一份禮物——讓他感覺自己正在做出實質改變的禮物。每當我在董事會或團隊會議上報告時，人們可以看到這點，他也體會得出來。

我一理解紅筆跟我無關，不只能接受這是老闆的怪癖，實際上更是提供機會幫助他感覺受重視。我無需任何改變，僅需要以不同方式思考，一夜之間我們的關係便有了變化。在他身邊我感覺更放鬆了，我們倆也都能更有效率地工作……對我來說也可以花費較少精力。

明智選擇你的戰鬥

我們與他人互動的每一天裡都有很多機會改變事情、捍衛我們的觀點或提供協助。可能是在學校操場上和其他家長、在家和另一半或者在職場和同事交流。你有沒有體驗過我所描述的「紅色迷霧」？也就是當你心中某件事被觸發的那一刻，你100％地放大某件事或某個人，並以巨大的能量表達你的觀點。迷霧帶來的專注程度，能有效幫助你贏得戰鬥或獲得當下想要的東西。雖然有時候我們可能會忽略事情的附帶損害、可能會傷害到途中的人際關係或當下更實際的生理或心理影響。

我們的情緒和身體密切相連。相連的方式可能大同小異，因為每個人都是獨特的個體，然而大家的模式可能比想像中更為相似。下次感受到負面情緒時，注意一下你的視力。憤怒等情緒和聚焦視覺有緊密的關係，我們的瞳孔變小時，會失去用餘光觀看周圍的能力。在需要找尋食物的年代，餘光視覺是非常有用的。當殺戮近在眼前時，我們會感到腎上腺素激增、舉起武器，視線會變得更加集中，專注在目標上，然後我們會投擲長矛或射箭。然而，現在去超市買東西不需要同等的專注力了，但當我們感到腎上腺素飆升時，大腦依舊會產生相同的模式和反應。沒有餘光視覺可能會很危險，所以很高興知道你有選擇，你可以利用你的身體、你的生理機能來影響你的情緒狀態並管理紅色迷霧。餘光視覺的需求在警察的高速駕駛訓練中完美地體現出來。如果你被叫去處理緊急情況、車頂上的紅燈閃爍，那麼腎上腺素很可能會開始分泌，如果你的視野變得高度集中，那麼將不會注意到人行道上的人或從車道上駛出的汽車。你會完全專注在眼前的事件。模仿警察訓練的一個方法是想像你的車身外的每個角落都有一顆網球，並將注意力集中在球上。這個簡單的動作代表意識清晰的同時也能飆速前進。下次開車時試試看——這能幫助遠離公路暴力，讓你維持在速限內且很好玩。雙贏！

Exercise

主持人狀態

若你想練習在有壓力時，用生理機制來管理情緒反應，主持人狀態是一種簡單的小練習。你可以在下次工作必須站起來講話時特別練習它，也可以在與孩子在一起的一整天中利用它來保持冷靜；不論是哪種情況，練習、練習、再練習，你會看見改變的。

拿一張A4紙，在上面畫一個大大的黑點。接著把紙貼在正前方大約四公尺之外的牆上，與視線保持水平。現在，面向黑點站立，雙腳平踩在地面肩同寬，深呼吸後緊盯黑點。請注意此時你能藉由餘光看見什麼。接下來，雙手舉至頭部並擺動手指。繼續看著黑點並動動雙手，手指擺動不要停，慢慢地直線後退。請留意你的視野如何變得寬廣，以及所有你很快注意到出現在餘光中的物體。

有了這個練習，你將能夠在需要時切換至餘光／主持人狀態，最棒的消息是，你不需要隨身攜帶這顆黑點。

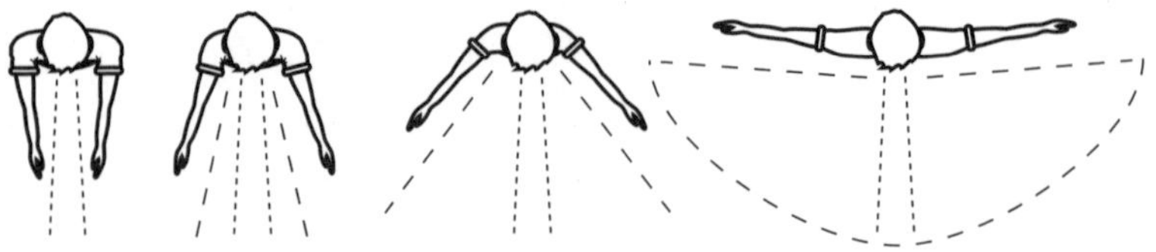

掌控你的能力範圍，然後順其自然吧

平靜禱文

願上帝賜我平靜，去接受那些我無法改變的事；勇於改變我能改變的事；賜我智慧來看清兩者的區別。

日復一日地生活；一次享受單一時刻；接受苦難即是通往和平的道路；正如祂所做的那樣，接受這個罪惡的世界，而不是我所希望的那個世界；相信如果我屈服於祂的意志，祂會讓一切變得正確；願我今生過得相當幸福，來世與祂永遠幸福快樂。阿門。

為了實現這點，你不需要有宗教信仰或是其他任何形式的精神感召。不需要定期參加週日的禮拜……這只是個隱喻，且對我來說，你可以去掉所有提到「上帝」或是「祂」的部分，本質仍舊是真實的。

接受那些我無法改變的事；勇於改變我能改變的事；擁有智慧來看清兩者的區別。

生活越趨忙碌，或者面臨壓力時，你會渴望回到喜歡的、習慣的生活方式。你可能不會花時間留意到自己有選擇權，或者你可以靜止不動僅僅一秒鐘，注意看看什麼是最好的行動。

小故事 Story

一開始從事自由工作時，我很幸運有機會加入全球性國際製藥公司位於倫敦的團隊。我被邀請參與培訓企業運動員的工作。我們擬出的計畫一部分是要關注團隊的復原力，除此之外，也著眼於團隊中的個體如何應對壓力。在一個特定的團隊中，我在執行計畫之前被警告說，若是談到工作壓力這個話題，他們之中有一部分的人很可能會將焦點集中在辦公室的地理位置上。任何曾經開車經過或參觀過這棟建築的人都會注意其規模之宏偉。這間厲害的大樓有自己的健身房、好幾間餐廳、一間便利商店——幾乎是有條大街在建築裡！因此，短期內該公司搬遷的可能性非常小。此時，我重新評估了我的培訓方法，以確保團隊能從短時間內獲得最大利益，而不是花幾個小時討論一些永遠不可能實現的事情。這就是以下的練習很有幫助的原因。這裡不是要解釋理論，而是講結構，我鼓勵你自己執行。拿起筆和紙吧。

Exercise

分類壓力

1. 列一個你目前面臨的壓力清單。這份清單可能包括：工作的不安全感；照顧家庭和小孩的責任；在家念書並追上進度；預算掌控和有限的資源；工作步調加快；需要快速做決定；快速且持續不斷的改變；學習職場新技能；更有效率地工作的經濟需求；雙薪家庭；照護年長者……當然這並不是詳盡的清單。

2. 寫好清單了，現在要來分類，幫助你理解這些壓力。在下面的格子中寫下你的壓力。隨時寫下想到的更多內容。

3. 注意看看，有沒有較為普遍的模式和領域？有沒有某個方格比其他方格更滿？

4. 決定下一步。對於那些掌控能力之外的事——你要如何用不同方式接受或是應對？至於掌控範圍之內的事——你想要改變什麼？那些內心的壓力來源為何？考慮與教練、導師一起研究研究，重新建構它們。

類型／應變	掌控範圍內——你可以減少、舒緩它們	掌控範圍外——你可以改變應對方式
工作壓力		
工作外的壓力		
內心壓力		

第二章

你的內在團隊正掌控一切

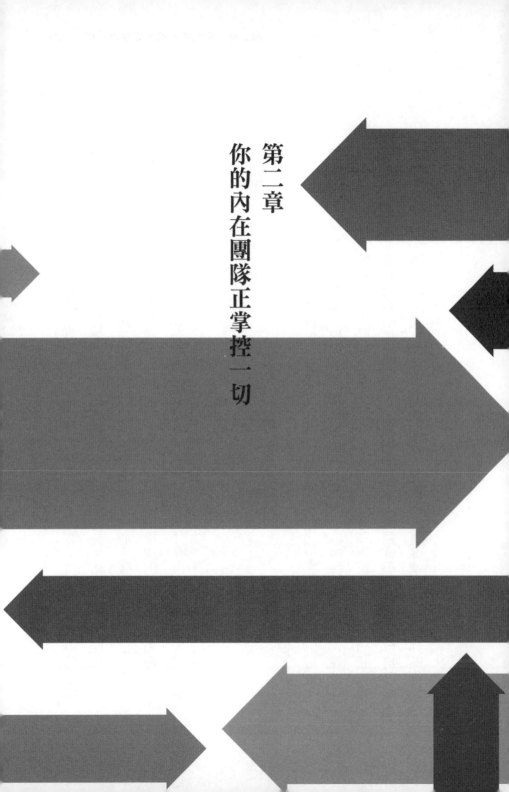

每個人的內心都有多位演員——這是我們的內心小隊伍。在一個環境中要出現每個人都是同種類型是非常罕見的事。事實上你可以這麼說，倘若真是那樣那麼人生就太無聊了。到目前為止，在你的一生中，會遇到你內心小隊伍中的大部分人，只是你以前可能沒有這樣想過。你可能有發現，在不同環境或與不同的人相處會有不同的人格出現，但並不認為可以掌控這些人格特質，也不認為那是你能有意識地呼叫的團隊。

我們都有多種天性

內心小隊伍變得清楚成形的常見時間點，是我們這麼說或這麼感覺的時候：「一方面我想要做某件事，另一方面我又想做另一件事。」所以說，健康、健身狂的人格可能會去健身房，而社交、熱愛聚會的人格可能會在下班後與同事一起去喝點小酒。如果你是個只有一種面向的人，那生活的各方面都會很平淡。了解自己能運用哪個內心小隊伍的成員、運用不同的個性，就能擁有更多選擇，也讓你的行為更有意識感。

首先要知道隊伍裡有誰

如果你的任務是要召集最好的團隊來執行特定項目，那麼首先需要知道的是自己必須選擇誰。接著你會想多了解他們、他們的強項和弱點、他們的動機、需求及欲望。為了獲得正確的組合，且確保從團隊中得出最好的結果，你需要充分了解他們。你會想知道誰能相互合作以及潛在的衝突在哪裡。這就跟內心小隊伍一樣——只是我們從未接受過管理自己性格和多重面向的課程！遺憾地是，這個領域似乎只有在遇到問題時才會獲得關切。人們陷入危機或是心理健康的問題時，我們足智多謀的能力就會受到檢驗，但當一切都很好時，卻鮮少考慮這一點。當內心面臨掙扎時，你經常會自我毀滅（就算是成功人士也一樣）。

小故事 Story

我有一位朋友，安。幾年前因為難以決定是否要離開音樂產業而尋求幫助。當她二十歲、三十歲出頭時，很喜歡展現才華，但現在她已到了三十歲中後期，凌晨三點結束工作已經不若以往那麼有趣了。她的專業自我明白，是什麼有所改變了，但淘氣的年輕女孩性格卻不願放棄這種生活方式。談論起安的實際情況時，她開始理解到，存在於內心的掙扎是安全感vs.樂趣。兩種類型的安都希望自己快樂又安全——專業的她想要朝著財務安全無虞邁向一步，這能確保她往後幾年過得舒適，但年輕的安希望此時此刻過得快樂，享受目前的時光。如果沒有談論到她的內心小隊伍，可能就無法理解有辦法讓雙方相互合作並達成妥協。安解決方法是繼續留在音樂界，但以現有的材料發揮新的創意。不再熬夜、不再看薪水級別、保有在音樂空間玩耍的樂趣。

Exercise

你的隊伍有誰？

享受這個練習的樂趣。放輕鬆享受。上次我探索附屬人格，是和一位好朋友兼心理學家吉姆在蘇格蘭的時候，當時我繞著湖走了一圈，一邊思考他提出的內心小隊伍的問題，一邊釐清思緒。找一個對你有相同作用的空間，你會發現這也許很有幫助。那個空間可以是當地的公園、海邊、你家後院或是公司裡安靜的地方。不論是哪裡，一定要放鬆並享受探索的過程：

・逐一寫下浮現腦海的附屬人格。為了實現效用，請想想你在不同場景中的表現：

－在家／職場／外面。

－和自己產生衝突時－是哪些部分的衝突？

－在和特定的人群相處時－家人、特定的朋友、老闆、團隊等等。

－你所陷入的常見情緒：擔憂、暴躁、幼稚、嚴肅、挑剔、關懷、迷人等等。

・針對每一部分，回想一下自己展現的附屬人格。回憶當時正在做的事、說的話、感受的事。問附屬人格以下問題，以便更清楚地了解本質並使其更加清晰。

—哪三個字詞最適合描述你的人格？
—你看起來如何？
—你幾歲？
—什麼情況下這個人格會被呼叫而出？
—你需要／想要什麼？
—什麼樣的暱稱能用來描述你？

無論你是透過清單還是以更有視覺創意的方式看見自己的附屬人格，現在都可以更了解這些團隊成員。你可以將他們配對，為某些情況選擇特定的角色，或者單純知道他們的存在也可以。無論你現在選擇怎麼做，都會有更強的自我意識，也就代表了更多的選擇。

人格地圖範例

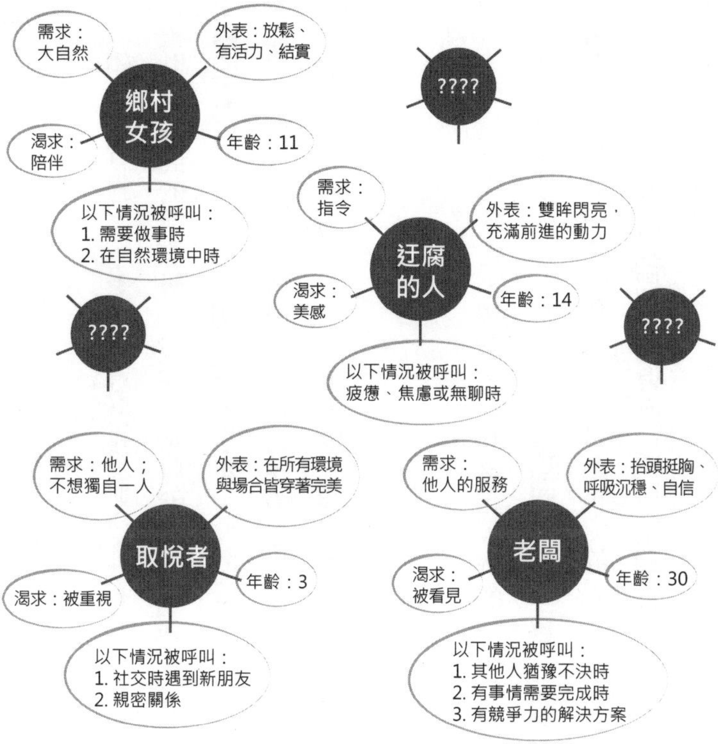
需求：
大自然
外表：放鬆、
有活力、結實
鄉村
女孩
渴求：
陪伴
年齡：11
以下情況被呼叫：
1. 需要做事時
2. 在自然環境中時
????
需求：
指令
外表：雙眸閃亮，
充滿前進的動力
迂腐
的人
渴求：
美感
年齡：14
以下情況被呼叫：
疲憊、焦慮或無聊時
????
????
需求：他人；
不想獨自一人
外表：在所有環境
與場合皆穿著完美
取悅者
渴求：被重視
年齡：3
以下情況被呼叫：
1. 社交時遇到新朋友
2. 親密關係
需求：
他人的服務
外表：抬頭挺胸、
呼吸沉穩、自信
老闆
渴求：
被看見
年齡：30
以下情況被呼叫：
1. 其他人猶豫不決時
2. 有事情需要完成時
3. 有競爭力的解決方案

了解你的黑暗面

有黑暗才有光明。如果沒有對比，事物就會混雜到無法被看見。像憤怒行為這樣的情緒和舉動經常被貼上負面的壞標籤。現在，某些情況下我同意這點，但是是有條件的。你下班走路回家或是在當地公園安靜地散步，此時有人搶劫你。他們把你推倒在地，偷了包包或皮夾。在這種情況下，我會說憤怒是健康的，是完全合適的反應。但如果有人沒有回應你說的「早安」，那麼同樣程度的憤怒可能就有點極端了！

與附屬人格和內心小隊伍合作會帶來挑戰，要想真正了解團隊中的每個人，你需要對自己誠實。你需要注意並瞭解「討厭」或者「黑暗」的特徵。若團隊中沒有這樣的特質，那就不可能面對生活中的艱難時刻或是難相處的人。如果我們不能擁抱完整的自己，動力就會消散。或者我們可能會發現，黑暗的特質為了表達自我和讓自己被注意到會變得更加嘈雜或狡猾。

單一維度的人生太無聊了

想像一下你最愛的餐點。回想上一次享用是什麼時候。回想環境、同伴、氣味、擺盤、第一口咬下去的質地……現在想像一下未來四十年，這是你唯一一個體驗。將來四十年只能吃同一種食物！我敢打賭你會選擇特定種類的食物。夏天時你應該不會想吃濃郁的燉菜，寒冷的冬天晚上你不太可能想吃冰淇淋。所以說，如果種類的多樣性和環境是選擇食物的考量因素，那麼當你想到自己的性格時，為什麼不考慮環境和多樣性呢？在每種情況下都採用相同的舊版本，雖然結果可以預測且始終如一，但可能沒辦法幫你達成渴求的目標。

每天你都有機會展現不同的想法。無論是探索當地森林時的冒險精神還是在工作中嘗試新方法，或者你決定購買哪輛車或聘請誰加入團隊，你明智的一面都會發揮效用，每一種情況和角色都擁有不同的視角。你依舊是你，那個真實的你是一切的核心，只是展現出不同的面貌罷了。我發現有一點很有趣，對於許多和我合作的人、甚至是對我的親朋好友們來說，他們生活中唯一設定的目標，以及會思考如何看待自己的領域，只有工作。他們甚至沒有花時間想過自己生活中的不同角色，以及想要實現什麼追求。這通常點出了一個關鍵點，即時間和精力的衝突，原因在於，舉例來說，妳可能因為有份全職工作，所以覺得自己不是最好的媽媽，但妳從來沒有真正想過，妳內心衡量好媽媽的標準是什麼。因此在開始之前，妳就讓自己陷入了罪惡和失敗的旅途之中。

Exercise

角色與責任成功地圖

為了更清楚地了解自己心中的成功是什麼模樣，為了更清楚地了解自己所擁有的機會，你需要充分發揮自己的才能。為此，你可能需要開始從不同角色的角度看待事情：

1. 回顧你的角色和責任。

想想你生活中擁有的不同角色。不用擔心是否完美……列出腦海浮現的內容就好。以下是一些角色的例子：

- 妻子／丈夫／重要的其他角色
- 宗教／精神團體成員
- 父母／家庭成員
- 運動團隊成員
- 經理／團隊成員
- 照護者
- 社區／學校志工
- 家庭管理者

定義好自己的角色後，將他們記錄在一個容易看見的地方。

2. 為每個角色和責任設立目標。你想要達成什麼？你想成為什麼樣的經理／朋友／父母？

思考以下問題：

・身為每個角色時，可以做的最重要的事情是什麼，以產生最正面的影響？

・什麼是真正重要的？什麼是真正緊急的？

你對這些問題的答案，替每個角色思考一下下週能完成的一至兩個目標。週日或週一時將它們寫在日記中，作為本週目標。

你可能會想制定長遠的目標及長遠的結果。

3. 每週計畫……安排你的優先事項。

制定週計畫，而非每日計畫。在日記中規劃一段時間，這段期間你將完成本週替各個生活領域制定的目標（步驟2）。寫下優先事項後再寫其他義務和活動。記得在日記中安排一些空白處，讓自己有彈性和新的機會。

4. 在做選擇的時候誠實以待。

每天都檢視本週目標，以避免偏離軌道。當新的機會出現時，根據你設定的目標權衡其重要性，並根據重要程度做出決定。

5. 評量你的表現。

確保自己首先留意到進展順利的事情，週末評量表現。生活的每個領域都有達標嗎？追求目標時遇到什麼挑戰？做決定時，是否有記得你的優先事項？如何利用本週的經驗，讓下週的個人和事業領域進行得更有效率？

角色	目標	活動	行程
1. 例如：朋友	感覺有聯繫	更新臉書四次、每週打電話或傳訊息	旅行時發特定的臉書貼文。安排禮拜四傍晚打電話。
2.			

3.			
4.			
5.			

以上提出的例子可能看起來有點誇張，但這是我幾年前為自己設定的真實案例，當時我發現，我最親密的朋友遠在數百公里之外或在不同的大陸，時間會流逝，而我可能幾個月都不會和他們說話或不知道他們的生活中發生了什麼事。忙碌的生活中，一天當中時間似乎過很慢，卻飛快地過了一個月。在制訂行動方法、判斷它是否適合自己時，請誠實相待。舉例來說，考量自己是天生具有組織性和紀律的人，還是較為即興的？選擇一種能夠發揮你的優勢的方法，你會更容易成功。

發揮優勢才有成果

一直很疑惑，為什麼在西方世界，我們認為有必要訓練自己成為多方面都很優秀的人。我們建立學校教育系統是為了確保無論你的天賦如何，都可以學習科學、語言、數學、體育和一些有創意的東西。這種方法代表你可能常常會經歷失敗的挫折感，因為你必須做一些不適合自己的事情。這就好比明明是左撇子，卻被強迫用右手寫字，而就在不久之前，在英國如果孩子用左手寫字，他們的指關節就會被尺敲打。我哥哥在一九七〇年代上學時就有這種經歷，直到今天他的字跡仍看起來相當歪曲。他寫的字用來溝通沒問題，但既不美觀也不有趣，因為他接受的訓練是違背自己的優勢的。

集中精力

我們的大腦透過視覺、聽覺和觸覺接收訊息和刺激。我們是多重感官的生物。一接受刺激，身體和心靈就會做出反應。你的潛意識掌控了一切，決定當下的最佳反應。由於我們的思想和身體是採一體化的運作方式，也就代表無論我們的注意力放在哪裡，我們的無意識都會進行調整並做出反應——無論你是否有意！因此，如果你花時間專注在工作中（或者是生活上）不擅長的部分，那麼你的思緒和身體也會投入精力在那個地方，也就是你所有的氣力——通常是不成比例的。你可能會發現自己不擅長的事情有所進步，但代價為何呢？我想這並不是你想要的吧？

小故事 Story

在性成癮症和負面行為被媒體報導之前，你應該記得老虎·伍茲（Tiger Woods）因身為世界上最厲害的高爾夫球手而聞名。我認為他的故事是最佳實例，說明如何發揮優勢，而不是將精力集中在弱點上，這樣的差異著實造成了最終結果的不同。當他還是一名非常年輕的高爾夫球員時，他原本的教練將大部分注意力集中在沙坑擊球上。現在，老虎在他職業生涯的這個階段，沙坑擊球世界排名第一百六十四，開球排名世界前十。專注練習自己不擅長的部分聽起來很合理，但對於比賽來說只是有了小幅度的進步。此時他的教練換了一種方法，讓老虎距離冠軍和綠夾克[2]更近一步。這個新對策是要專注於優勢、發揮天賦。所以在球場上他花了大部分時間練習發球，因為這是他已經做得很棒的部分——前十名——他的想法是，他的發球越準確，他在沙坑裡所需的時間就越少！這時，教練並沒有天真到以為在激烈的比賽中不會出現失誤。他讓老虎練習沙坑擊球，直到程度足以不再練習為止，但他仍將大部分時間都花在比賽中能發揮天賦的地方。二十一歲時，老虎成為美國大師賽最年輕的冠軍得主，並在接下來幾年取得一連串的勝利。

2 卓越、成就、傳統和勝利的標誌。在高爾夫大師賽頒獎儀式上，新科冠軍將在上屆冠軍的幫助下穿上綠夾克。

Exercise

了解並擁有你的優勢

要將精力專注在優勢上，首先你需要認清楚優勢為何。因為我們的優勢是與生俱來的，經常就會認為它是理所當然的，或者沒有意識到它，有些事不是每個人都做得到的。我之前在金融界的一位同事能夠瀏覽企業報告，隨後馬上講出該企業的商業故事：高峰與低谷在哪、需要被關注的主題和領域。看他做這件事很有趣，彷彿紙張上有輪廓，他能看見路上的顛簸。我可以清楚地看出這是一種優勢，因為我做不到，但對他而言小事一樁。他會這麼對我說，「不是每個人都會嗎？很簡單啊，」但他沒有聽到我的回答，「不，他們辦不到，這是天賦。」

步驟一：列出你已知的優勢。可能是過去有人評論過的事情，就像以上故事中的同事一樣。

步驟二：思考一下，如果你最親近的人向陌生人描述你，他們會怎麼說。哪些看法可能能讓你了解他們有注意到你最常做、做得最好的事情？

步驟三：詢問他們。決定要重視誰的意見，讓他們知道你詢問的原因，並請他們選擇最適合描述你的三個字詞。

步驟四：相信他們並道謝！

小心你的弱點

小故事 Story

我清楚記得有一天，我明白了大多數的弱點和致命傷都被過度使用，遠超過優勢。二〇〇二年，我正在與執行長合作開展一個多元化項目，以了解並提高董事會和高階管理職位中女性的數量。當時我老闆正在審查我提出的研究和結果。我請他提供男性觀點，用最好的方式描述目前影響女性就職和內部晉升的公司特徵。得到答案後，我們將這些特徵分類，其中包括了競爭力，也就是我們在市場上的商業優勢之一，這點已經被濫用，以至於開始出現內部鬥爭，即損人利己的狗咬狗心態。這代表身為一間公司，我們正在扼殺創意和合作。獲得升遷機會的是那些最具有競爭優勢的人，而他們往往是不計一切代價取得成功，即便那麼做會危害到公司的長期願景和其他團隊成員。

在職場上時，每當提到什麼行為會獲得獎勵時，我發現了一個模式。有時候你會因為擁有全方位的技能和態度而獲得獎勵，有時候也會因為優勢而獲得獎賞。初入職場時，你藉由展現擅長的「東西」（意指多種優勢）取得進展。

你被鼓勵成為一名優秀全才。接著你就會晉升到初階經理職位，需要掌管一個團隊。此時，你需要在選擇的工作領域中表現出更明顯的技能，並且需要成為一名優秀的領導經理。然後是中階管理職位，這時你需要重新收集整個管理領域的技巧，並再次證明自己是個優秀的全才。在這個階段，你所管理的經理擁有自己的專業知識。如果你想進入高階管理層，那麼便需要一個突破點，證明你代表什麼、擅長什麼、以及身為領導者有何優勢。

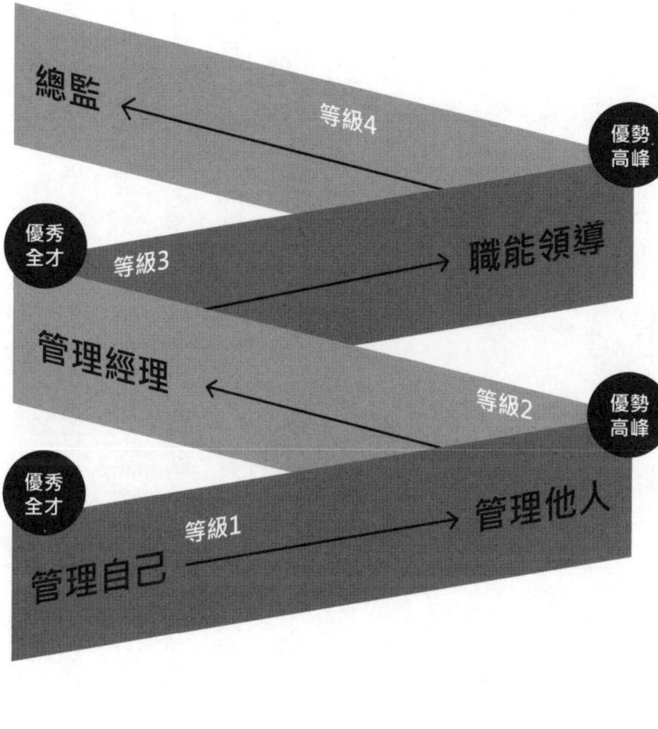
總監
等級4
優勢
高峰
優秀
全才
等級3
職能領導
管理經理
等級2
優勢
高峰
優秀
全才
等級1
管理他人
管理自己

小故事 Story

這個知識幫助我替一位客戶重新定義了自己所處的情況。這位客戶是英國一個零售業商務部門主管詹姆斯。他將繼任未來的商務總監，此計劃已經進行了大約四年。繼位計畫上，他的名字旁邊總是寫著還有十二個月的時間準備升遷。四年來，他每年都有十二個月的準備升職時間。這幾段時間並沒有累計，對吧？詹姆斯感到很挫敗，和執行長及人力資源總監談論時，對方提到了「莊重感」，但卻講得不夠具體，以至於詹姆斯覺得無法做出改變，若改變了，下次有機會升遷時他就能馬上準備好，而非要等十二個月的時間。

合作時，很明顯詹姆斯遇到了一些阻礙：

1. 他正在展現的是一個優秀的全才，而執行長想看見的是他的強項高峰值，如此才能歡迎他進入董事會。也就是足以代表他的能力、他能帶給高階團隊的東西。他能勝任他的工作是理所當然的。但此時需要的是特別的、且能清楚地讓別人看見的東西。

2. 詹姆斯相信總監們在某種程度上都是超人，具有令人難以置信的動力和聰明才智，但自己不是其中之一。今日的總監們往往都有衝勁且聰明，但超人？我們得質疑詹姆斯這種認為自己不適任總監的信念，因為只要他自己不相信能成為總監，執行長又怎麼會相信呢？

董事會充滿「未受教的」人

和詹姆斯一樣，你們之中某些人可能會看著董事會或者公司高層，覺得自己活在他們的陰影中，又或者你可能和同事們一起坐在桌邊，心裡這麼想，「我誰啊，坐在這裡？」令我真正感興趣的是，我們之中有多少人跟詹姆斯一樣，認為資歷只屬於受過最高教育、真正聰明的人，且還必須幾乎跟超人一樣？若你這麼認為，這對你所做的選擇有何影響？

近年來，我有幸與許多董事會成員共事，我可以自信地說，他們都是像你我一樣的普通人。他們有不安全感、缺點，也不總是知道問題的答案。他們精力充沛又聰明嗎？——沒錯。這代表他們全都上過牛津或劍橋大學嗎？不。初次進入高階主管教練領域時，我相信要在任何組織中擔任高階職位，就必須讀過大學且從小接受良好教育。這是種先入為主的想法，代表我經常坐在會議室裡等待客戶，一邊笑著心想「要是他們知道就好了」。青少年時期我選擇的教育加強了這個信念（身為浪漫的康瓦爾女孩，我放棄了A等級高中課程，因為我戀愛了，並追隨了內心的感覺）。隨著時間的推移，我的信念備受質疑，經驗證明它就跟牙仙子一樣真實。

與我合作的人越資深，我就越能注意到三個經常出現的問題：

1. 和我一起工作的大多數人都像我一樣，年輕時並沒有正式完成學業，他們在晚年重返校園取得專業資格。
2. 他們之中有許多人對於「如果他們知道的話——他們會怎麼想」——這種冒名頂替症候群有著與我類似的想法。
3. 思維方式和商業方法比冷冰冰的結構更有活力、更靈活也更有創意——獲得結果是關鍵，而不是到達目標的途徑。

研究表明，超過66%的執行長是內部任命的，而53%的執行長沒有接受過大學教育。

促使人們與我合作最常見的原因之一是他們遇到了阻礙，即所謂的玻璃天花板。可能是某個人已經處於高層位置一段時間，不斷地敲擊天花板，但從未真正成功過。這天花板或許也能幫助快速追蹤組織中的潛力股。對於天花板的兩種角色來說，一個需要改善的共同特點是那些沒有讀大學的人的教育信念。有些人可能後來獲得了專業資格，甚或是進修部學位，但當涉及教育思想時，他們似乎仍舊與自己產生鬥爭。在最壞的情況下，鬥爭本質上可能是被動／具攻擊性的，並以一種咄咄逼人和強迫性的方式表現出來。這些行為在他們職業生涯的初期階段可能很有效。在公司內部，某種程度上這被視為年輕人的衝勁和決心，但接著這樣的行為消失了，且令人困惑的是，這些也不再受到讚許。想像自己是十二位的執行董事會成員之一，並且正在招聘一位同業。你會想迎野心勃勃的人還是從容且莊重的人？

小故事 Story

當我和國際援助機構的莎拉一起工作，擔任他們的人才計劃職業教練時，以上的情形發生了。很明顯她是一位事業有成的女性。她擁有擔任總監必須的所有技能和經驗，但就是沒有如願。公司表示莎拉具備所需的條件，但近年來，她在升遷這件事上一直被忽視，也對公司倫理感到失望且懷疑。在我們合作的這段時間裡，我們找出了這個現象的根本原因，包括她對「受過教育」的人的情緒反應。她內心因自己青少年時期的失敗且為此被拒絕而感到憤怒，儘管她後來很能勝任自己的領域，但潛意識深處仍懷有這些不滿。為了釋放情緒，我們用了以下能發揮在生理方面的技巧。問題是在她的肉體，而不是心理，所以莎拉本來可以繼續追求更多知識，或許能填補空缺或解決問題，但問題出在其他地方，她一直在錯誤的領域找方法。

Exercise

解析你的負面信念

如果你希望對生活中的某些事情有不同的感受，那麼這工具很適合你。對於99%想要改變的人來說，它第一次就見效，而對於剩下1%的人來說，可能需要多試幾次，你也能看見效果的——只要你真心想要改變。

對莎拉來說，她的信念完全是無意識的，以至於我們需要從生理上理解她是如何在大腦中編寫信念，而非根據信念做判斷。身為一個睿智的女性，她完全理解正在發生的事情，也知道什麼事物需要被改變，同時卻也無法釋懷……彷彿這是與生俱來的且別無選擇。

你的大腦非常擅於歸類訊息，並且有一種使用視覺、聽覺和感覺來參考資訊的方式。藉此你能夠立即知道某件事是好是壞，還是無關緊要，也能了解某件事是真實的、假的還是可疑的。

以下是每個訊息類別的清單，讓你能夠開始制訂自己的資訊，然後可以根據自己的選擇做更改。將清單放在眼睛，想一想有沒有想要屏除掉的信念。可能包括：兼職的工作沒機會升遷、超過四十歲就沒有吸引力了、有讀寫障礙的人不適合業界、沒有學歷顯得很笨……。可能出現在這份清單的內容無窮無盡。想一想你目前的例子。

現在你心理有數了，想要做些改變，問問自己以下這些問題：

1. 想到這個信念時，有具象化它嗎？
2. 使用清單的第一欄，寫出詳細內容，例如：圖像是彩色還是黑白？
3. 接下來，想想過去你認為是真的，但現在改變想法的事情。比方說，你本來相信自己已經十歲了，或者本來相信聖誕老公公是真的。想到舊的信念時你心裡有畫面嗎？注意它所在的位置，並確保這張圖像和其他信念沒有關聯，才能清楚地專注在它上頭。
4. 使用第二欄，列出詳細內容，比方說，所有的聲音音調如何？
5. 現在，將不想要的信念細節改成已經不再正確的信念。

6. 測試：問問自己，「現在，我對於舊的信念看法為何？」
7. 下一步，為了加強並創造一個新的信念，要想一個對你而言絕對真實的信念。例如，太陽明天會升起、呼吸是件好事。思考這個信念時，腦中有畫面嗎？
8. 使用第三欄，列出細節，例如：這個畫面穩定嗎？
9. 詢問自己，比起過往的信念，現在想要相信什麼？想著新的信念時，腦中有畫面嗎？
10. 將新的信念的細節改成之於自己絕對真實的信念。
11. 測試——問問自己，「現在，我相信什麼？」

畫面細節	1	2	3
視覺	腦海中有畫面嗎？		
黑白或彩色			
近或遠			
圖像大小			
地點			
聚焦或失焦			

影像或圖像			
對比度（高／中／低）			
3D或平面			
有邊框或全景			
視角			
光亮或昏暗			
你在畫面中還是旁觀者？			
聽覺		有聲音嗎？	
位置			
方向			
大聲或柔和			
音調			
音頻			
時長			
快或慢			
停頓			
音色			

感覺／動覺	有任何感覺嗎？		
位置			
大小			
形狀			
強度			
位置			
大小			
形狀			
強度			
動態或靜態			
震顫			
壓力			
溫度			
重量			

學校教育可能會絆住你

有結構的思維方式非常有用，有人可能會說，這是文明社會的基礎，但過多的話就會抑制創意。在學校教育過程中學到的公式化工作方式可能會阻礙你發揮最佳水準。若不改變某些層面，所有事情都不會進步，此時需要靈活性。否則，事情就會和原本一模一樣，沒有更好也沒有惡化，只是一樣。

身為孩子，我們融入了居住地、伴著我們長大的父母以及就讀的學校規範，這些事物在成長過程中提供了安全感。然而，隨著年歲與日俱增，堅持這些結構會導致本質變得冥頑不靈、只求線性發展。這本身並不是一件壞事，但在當今世界，令我感到侵擾的是，唯一不變的就是變化，而且是快速的變化。如果變化是新的常態，那麼冥頑不靈和線性進展不太可能讓你在商業或更廣泛的生活層面中創造成功。

小故事 Story

我合作過的一位銷售總監是個很棒的例子，說明我們對教育的信念如何大大影響了我們的職業、生活選擇和成功。史蒂夫在目前的公司任職大約五年，他的銷售額超過了其他集團，業務年增超過20%。他的活力令人印象深刻，自然而然與主要客戶（主要是大型組織）建立關係的能力也值得效仿。

有了這個經過企業認證的紀錄，你可能以為他會是下一任總經理的重要候選人。他的雄心壯志和銷售數字符合要求，但最近一次的總經理人選發布資訊上卻沒有他的名字。探尋並採訪了一些同事過後，我們越來越明白原來幫助他取得商業成功的動力，卻帶來了不好的內部聲譽。史蒂夫堅信，由於缺乏正規教育的經歷，他必須不斷地證明自己「足夠優秀」。現在，聲譽確實很重要，而且升遷小組中的人需要清楚地了解身為領導者的你能帶來什麼，但也有可能會操之過急。在義大利麵上撒點胡椒固然不錯，但整罐胡椒倒下去就會難以消受。只要我們花時間了解史蒂夫對於教育的信念從何而來，他就能放輕鬆點。僅僅了解一些統計數據並聽聽其他「未受過教育」的領導人的故事，他就能毫不費力發揮自己的最佳水準。

令人高興的是，史蒂夫最近再次聯繫我，說我們合作時他在公司裡尚未晉升到總經理，但現在他已經是總經理了。他帶著全新的、從容的信心，在一間以前是客戶的公司內擔任總經理一職，並且更廣泛地改變了生活方式。他和家人搬回了西方國家的家鄉。看來他放鬆的態度造就的不僅僅是升職！

意識到你的環境

良好的溝通以及與他人合作能取得成果的關鍵要素之一，便是能對反饋做出回應。回饋不需要是他人提供建議。它可以隱晦一些。通常，最有效的回饋循環就跟氛圍一樣微妙。任何走進剛剛有過爭吵的房間的人都知道何謂「氛圍」。這是種我們觸不到、看不見的東西，但我們可以肯定地感覺到它是正面的還是負面的——它是真實的。

派出錯的隊員會帶來災難

我認為，有個協調的環境雷達是生活中最有效的技能之一。不論你對某件事多麼在行或有多聰明，若你無法理解你的受眾，或是無法根據氣氛來判斷時機，那就有可能會受挫。氛圍讓你能夠決定方法，以及判斷哪位內心小隊伍成員最有可能成功。出動搞笑人格參加喪禮可能不是最好的方法，但在葬禮上，這個角色可能正是提振情緒、記住親人的人生而不是死亡這件事所需要的人。同理，在職場中，你的競爭對手和你內心的道德捍衛者合作可能會組成贏得合約的完美小組，但對於你的績效評估來說可能不是最好的打算。

小故事 Story

讓自己和他人成功以及達到目標／失敗是不同的。在我上一份公司職務中，我負責 FTSE 250 組織的領導力發展和人才管理，我的部分職責是引進各領域的專家與我們合作。現在，因為我的聲譽取決於帶來優秀的人才，所以我會花大把精力去審查潛在的合作夥伴，然後才安排他們和執行長詹姆斯或其他董事碰面，我通常會親身體驗他們的工作。我很很樂意推薦一間公司的訓練，因為我花了六個月和他們一起培訓，因此在職業和家庭生活都做出了一些改變，且還帶來了效益。這間公司就是ACME訓練公司，而我邀請的人是法蘭克和大衛。法蘭克和大衛在各自的專業領域中都被視為佼佼者，這點非常有用。他們都是享譽盛名的演講者，在國際間工作多年，累積了大量資歷。文化改革項目的合作合約概念會議本來是件輕而易舉的事……但大衛做出的內部選擇立刻就顯現出與詹姆斯的風格不相符，說他們有衝突可能太輕描淡寫了。大衛採用了心理治療師和專家（他內心的導師）的做法，以輕聲細語和極度睿智的方法應對，若性格較內向且在一個更加學術性的環境，這招可能有效。而詹姆斯是典型的創業家類型，自稱是個重視快節奏且經驗豐富的叫賣小販（他需要大衛的戰士）。這次的會議失敗了，因此詹姆斯對需要任何文化改革業務才能成長的想法提出了質疑。我從這次的影響中學到，即便是等級最高、接受過心理學訓練的專家有時也需要指導，若他們關閉了環境雷達，可能會選擇錯誤的團隊成員和方法。生而學習，這對我而言是個轉捩點，從此能夠意識到培訓的力量，以及當它被運用在日常對話時，如何真正改變事情的結果。如果我輔導大衛，而不僅是向他報告情況，在當下他便能更靈活並改變他的方法，從而能夠影響詹姆斯，幫助團隊達到更佳績效。

解讀環境是種強大的技能

解讀環境的能力是決定方法的基石，其中包括了決定哪位內心隊員最適合當下情況。好消息是，若你想要的話，這是一項可以培養的能力。透過練習，我們可以加強所有感官，然後就能更有效地解讀各個場合。有機會在肥鴨餐廳（The Fat Duck）體驗赫斯頓・布魯門索（Heston Blumenthal）的烹飪魔法的人就會知道，在一次體驗中運用更多感官，就越能投入其中。失去視覺，你的嗅覺和味覺就會增強。享用魚類料理時，增加點海浪的聲音就能回想起海邊的回憶，影響我們對吃下的食物的感受。

我們的感官可以用五個詞彙來說明：視覺、聽覺、動覺、味覺和嗅覺。其中最強大的是嗅覺，因為鼻子的神經末梢是人類身體中唯一露出的神經末端。這代表的是，一個氣味會產生全身反應，因此我們的大腦會釋放更多訊號、化學反應和記憶。所以你選擇的香水或鬍後水對日常生活的影響可能比想像中更大，千萬要慎選！

你每天都會經歷嗅覺的影響，但可能從未意識到氣味對於情緒的影響，或者會發現自己並沒有選擇利用它來發揮最大優勢。若剛出爐麵包的氣味令你放鬆且感到溫暖，那麼每當感到壓力並且需要紓緩時，去一趟當地的麵包店可能就足夠了。或者如果新鮮採摘的小蒼蘭令你想到愛的人（我的例子是媽媽），需要離開家一段時間時，請確保辦公桌或是飯店房間放有小蒼蘭，讓你的潛意識與那個人保持連結。

就像用哪一隻手寫字會招來偏見一樣，我們也會有感官方面的偏見。我發現世界上最有趣的是我們之中70%的人都有視覺偏見——「看到了我才會相信！」這就是媒體之中電視比廣播更受歡迎、更強大的原因。世界上越來越多的人認為視覺是了解世界和生活在其中的最簡單方式。

小故事 Story

在工作環境中，我見過把這項知識運用地最好的例子是迪士尼製作的《納尼亞傳奇：獅子、女巫、魔衣櫥》。我參訪他們位於倫敦漢默史密斯的辦公室，為一位在發展部門工作的朋友提供幫助。正如我在大多數大型公司中發現的那樣，會議室的需求似乎很大，但可用空間卻很少，因此我們選擇請求幫忙，並使用專案團隊的房間來觀看即將上映的電影。當我們走過典型的開放式、色彩相對單一的空間時，我首先注意到走廊盡頭有小小的音樂聲，那是令人著迷的音樂，像是琵琶或神奇的樂器正在演奏。接著我看到大家會以為是辦公室大門的物體，但那卻是一扇老式的木製衣櫃門。當我和路易絲走向前伸手並打開門時，音樂停止了，一陣冷冽的寒風襲來。房裡有普通的桌椅，但它們被擺在一片人造雪上，衣帽架上則掛著許多人造毛皮大衣。當你身處這個房間時，你不可能沒感覺到自己身在納尼亞！這是種傑出的創意，確保所有團隊成員在每一次的電影會議中都能完全參與在創意和故事裡。

TIPS

下次召開會議時，根據你希望與會者抱有的情緒狀態選擇環境。若希望大家想到家庭友善或者孩童的好奇心，就去動物園；如果想要有歷史感以及一種「萬事皆有可能」的創新性，那就去科學博物館，甚至可以裝飾空間，反映出必須的思想類型以及期望的行爲。用視覺和聽覺兩個方面來創造動覺（感覺）反應。

Exercise

建立你的意識

如果培養你聆聽和解讀房間的能力很有幫助，你可以玩以下幾個遊戲來鍛鍊這項技能所需的肌肉：

步驟一：找一兩位朋友一起玩。

步驟二：決定你想鍛鍊視覺或是聽覺能力。

步驟三：遊戲開始。

遊戲1

若你花費大把時間在講電話或者聆聽他人，那你可能會想培養聽覺敏銳度，試試看找五個不同的硬幣，比如英鎊的1便士、2便士、5便士、10便士和1鎊。首先，其中一人看著硬幣落下，校準你的聽力。這樣你就能正確配對掉落的聲音和正確的硬幣。下一步，閉上雙眼或是轉身，看不見錢幣就行。其中一人丟下銅板，閉眼的人必須講出硬幣幣值。這個挑戰必須連續答對三次。

遊戲2

若你的工作需要注意細節，又或者在生活中你希望對周圍更有意識，那麼你應該會想發展視覺敏銳度——遊戲中的其中一人在心裡想一位真正喜歡人和一個討厭的人。決定了心中的人後，另一個人就能開始校準感官。首先，在腦海裡想著喜歡的人，讓另一位遊戲者觀察你表徵的變化。可能是臉色稍微不同、眼神變得柔和，或是呼吸變急促、放鬆肩膀……真正開始注意後，就會發現一百萬個微妙的跡象。接著想想討厭的人，讓另一位遊戲者再次校準感官。現在遊戲／測試開始了。不論想的是喜歡或不喜歡的人，都不要告訴另一位遊戲者。他們的目的是要僅用視覺表徵來「作答」心裡想的人，至少要連續答對三次。然後和另一位遊戲者角色對調。此時要記得，我們的目標是要自然做出反應，而不是要欺騙另一個人，否則會讓遊戲變難——只要想著某個人，僅此而已，剩下的交給你的身體。這款遊戲一直都這麼厲害的原因是，即便你知道那是「假的」，你的身體仍就會無意識地告訴另一個人真相。

外在或內在的參考——哪個最好？

身為一個人，偏好是與生俱來的。你的環境和成長過程會影響偏好，但它仍存在於你的核心之中。有點像是左撇子或右撇子，你的適應能力很強，如果你因為某些原因不能使用偏好的手，比如說受傷，那麼就可以改變並學習用另一隻手，但一有機會你就能換回來，因為用原本偏好的手更加自然。你的偏好之一是你參考事情的方式。我知道，參考是個古怪的詞，你可能在想我到底在說什麼，所以讓我提供一些例子，希望可以更清楚一點。

外在參考——對於一些人來說，你有個外在參考點能理解身處的世界。你會尋找外在的跡象和指示，明白自己有在正軌上。你可能需要回饋和讚揚才能維持動力，並確保自己表現良好，且你會一直意識周遭發生的事。這是我的偏好，上一份在辦公室的工作中，我不得不移動桌子，因為我原本的位置位在從電梯門出來一路到大廳的聽覺和視覺範圍內。這代表每次電梯門打開，我都會忍不住抬頭，而這大大影響了我能完成的工作量和我的專注力。

內在參考——對於一些人來說，你會找到內在參考點去過濾所處的世界。你經常感覺自己「就是知道啊」，並受到內在認知和把關的引導，不需要其他人的看法就知道自己走在正軌上。你可能認為，這是因為你知道自己是誰，擁有明確的身分，也意味著做決定對你來說很容易。這也可能代表在團隊或團體環境中，你可能無法輕鬆地與他人建立聯繫或融洽的關係。我的一位前老闆屬於內在參考，在職場中的優點是她非常善於堅持她認為對團隊而言正確的方向。缺點是，當她失去他人的支持時，她很少會在沒有提示的情況下注意到，並且團隊會變得士氣低落並偏離正軌。

小故事 Story

幾年前我和一位培訓同業在會議中聊天，那時他剛剛與一家世界頂級航空公司簽訂了一份合約，負責招聘機組人員。我相信，這個過程是真正的創新，並利用內在和外在參考的知識來辨識出那些天生適合客服這件事的人。面試那幾天，招聘經理會在接待大廳觀察受試者，看看他們對一系列事情的反應。透過在早期階段進行觀察，在受試者轉變成面試的態度之前，他們能夠注意到參考偏好。有些人會專注看書或其他文本（內在參考指標），其他人的頭會動來動去，一有動靜就抬頭（外在參考指標）。作為整個過程的一部分，這被用來了解每個人高度領會客戶需求的可能性，以及作為表達自己需要幫助的視覺訊號。真希望當地的一些餐廳在雇用服務生時也能採用這種方法。有時候我幾乎已經從椅子上跳起來

> 揮手了，但他們還是沒有注意到。完全是內在參考！
>
> 了解自己偏好的最佳方式並不是要改變它，而是選擇適合你偏好的工作和環境。在我看來，醫生擁有內在參考是一件非常棒的事情，而如果你是刑事律師，具有外在參考的話可能會更容易理解陪審團的看法。它還可以幫助了解如何激勵自己和他人。外在參考的人藉由外在世界尋找回饋，內在參考的人可能會把那些視為不必要的阻礙。

知道出路在哪裡

你對環境和周遭的意識程度會影響你的感受。重要的是要記住，在任何工作情況下，你都會有選擇。選擇不一定都很容易或有吸引力，但確實存在。在工作中經常被忘記的是，你可以選擇離開——走出大門。辭職是個選擇，代表你一直都有選擇權。我並不是說我們的選擇不會帶來後果，所以在經濟上你可能需要一份固定的收入，放棄它而後無處可去可能會破產或失去你的房子。我想，對許多人來說這話有一定的道理，但也並不代表門已經消失了。當你發現自己處於自己不想處於的境地時，你需要採取分階段的行動來改變情況。到時知道門的存在，可以讓你保持理智。

如果你是個能吸引目光的人，那麼知道門的位置可以幫助你掌管自己的壓力。從人群中脫穎而出並與周圍的人截然不同是有好處，但也可能很累。如果你是雛菊田裡唯一的罌粟花，那麼你每天的每時每刻都非常引人注目。

小故事 Story

決定獲得審計員資格時，我在專業機構做了研究，看看哪些學校的報告通過率最高，哪些學校能在較短的時間內完成三年課程，因為我當時我有全職工作所以想要快速完成學業，同時也看了哪些學校有面對面和遠距學習的課程。達到所有標準的是位於沃西高原（Worthy Down）溫徹斯特軍事基地的財務與管理學校。我錄取了，且永遠不會忘記第一堂會計課。我肯定是雛菊田裡唯一一朵罌粟花！老師名叫史派克，穿著全套迷彩服，教室裡其他人要麼是政府人員，要麼是為軍隊工作。身為唯一的企業辦公人員，這是個有趣的經歷，儘管我花了一段時間才適應，但我喜歡當個與眾不同的人。不幸的是，這種對與眾不同的熱愛維持不下去。在學習環境中，這對我很有幫助，也許是因為它僅佔了一年之中短暫的時間，但在日常工作中我沒法適應這點。我的風格過於外向且以人為本，不適合在我所在的財務團隊中工作。經過一番深思熟慮和奇怪的激烈辯論後，對我來說，很明顯最好的選擇是那扇門。關鍵時刻是，要接受這個行業的文化並不適合我的個性，接受和放手是最有效的計劃。

Exercise

採取行動

若你發現自己陷在錯誤的領域之中，請自我培訓，問問這些問題：

1. 我喜歡與眾不同，脱穎而出嗎，或者我生性較為傳統？
2. 在生活與工作中，異於他人能會帶來幫助還是阻礙？
3. 在哪些環境我感到最自在？為什麼？

列出與目前正在考慮的事情相關的、對你來説重要的內容。也許是在找新工作，或者是搬家、買新車或度假。不管是什麼，擁有以下個人清單可以幫助你清楚地做出選擇。

必須的	可協調的	絕不

從財物角度考量所有事情，例如薪資待遇、旅行或通勤、文化或氛圍等等。

周圍環境影響行為

想像一下自已正走在一條深色木板走廊上，周圍是擺滿大開本期刊的書架……此時你有多想敞開笑容或是想聊天？接著想像自己正在走入一棟大樓，裡面有一個開放的空間，有許多不同的、色彩繽紛的座位區，有些是帶桌子的正式座位區，有些更像是當地的星巴克，現場播放著音樂，人們正輕聲地聊天……在哪種情況下你感覺更放鬆和開放？在正式或非正式的環境中，哪種更加放鬆並能夠做自己取決於你的生活經歷和個人風格。兩者並無對錯之分，但不知道在哪裡自己能做到最好，會對你的生活品質產生巨大影響。

從維多利亞時代開始，人們的家中就大量使用顏色來搭配房內的情緒——餐廳用深紅色，因為它被認為有助於消化，臥室用淡紫色，因為它具有鎮靜作用。產生影響的不僅僅是顏色，還有房間的內容以及你在空間中的移動方式。

如今，室內設計和色彩療法藝術在世界各地的家庭和辦公室中被普遍應用，並為我們的經濟創造了越來越多的資金。預計到了二〇一五年，室內設計產業價值將達到四百億美元！

小故事 Story

我與企業客戶合作實施文化改革方案時，周圍環境對潛意識和情緒的影響就顯現出來了。我當時正在參訪他們的倫敦總部，與團隊成員進行面談，以更加了解業務中不成文的規則，即「這就是我們在這裡做事的方式」這種不言而喻的運作方法。訪談中有個共同問題：團隊中有點缺乏尊重感，似乎和守時的問題有關。人們參加會議至少遲到十~十五分鐘是常態，而且安排好的一對一審查和工作評估會議由於時間超時經常在最後一刻被取消。當我坐下來與該計畫的贊助者討論我的觀察和發現時，我抬頭查看時間，發現我們所在的會議室沒有時鐘。進一步檢查後發現，這棟七層樓的會議空間中沒有一個裝有時鐘。從心理學角度來看，這可能會向員工傳達一種無意識的訊息，即時間並不重要，而從實際角度來看，在會議期間沒有人會以視覺提醒自己時間，也就意味著加班的機率會增加。

作為一項測試和改變的象徵性行動，我們決定在下週一之前在所有會議室安裝時鐘，然後觀察和監控行為的變化。該計劃是要不對外宣布，並且在辦公室關閉後才安裝時鐘，因此不會造成引起人們對這一變化的注意的干擾。一個月後，我以回顧的名義再度採訪了之前和我交談過的一些團隊成員，且沒有直接詢問有關時間的問題，此時出現了這個現象：團隊中有了尊重。經理們一定有認真聽取回饋，因為此時的一對一會議大多按部就班地進行，人們也準時參加會議。

一個簡單的改變可以帶來世界性的差異！

TIPS

下次想要做出改變時，首先要考量物理環境如何幫助或阻礙新的行爲。

第三章

事實、全然的事實、事實就是一切

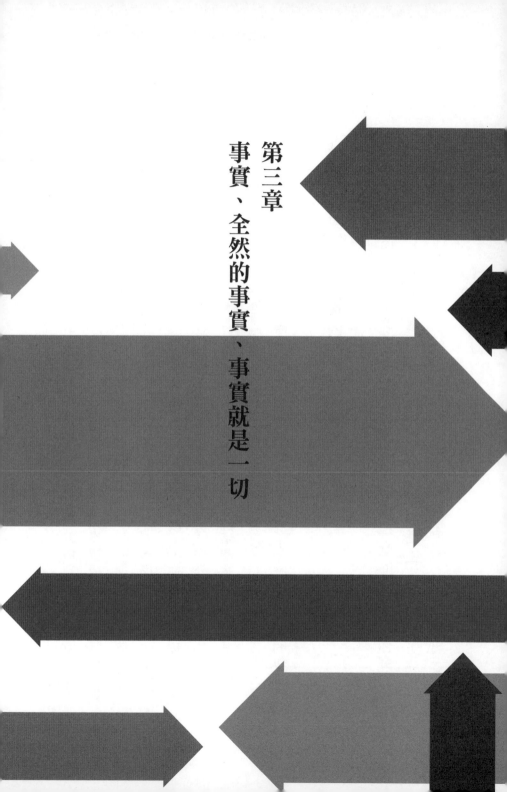

在人們的重要事項清單中，誠信通常是位列前茅，但誠信到底是什麼意思呢？它是詞海中被名詞化的字詞之一，並不是真實的物體。你沒辦法在商店裡購買，也沒法將它放進推車裡。那是一種感覺，根據不同的人有不同的標準。對一個人而言誠實的事情，對另一人來說可能很殘酷或者過於直截了當。「我看起來如何？」所有被問過這個問題的人都體會過那種當下可行的誠實程度。「你看起來很棒！」明明不這麼認為卻這樣說，然後如果你再建議他連身裙多搭一件外套，是否代表你在撒謊且是個壞朋友？其實你是建議用外套蓋住洋裝上的醜陋圖案，但卻假裝是因為天氣會變冷，是否代表你不誠實，還是為了體恤對方的感受？這些都很主觀，且都是基於每個人自己的信念和標準，以此標準判斷在特定情況下什麼才是恰當的作法。

誠實始於家裡──從你內心開始，誠實待己

若你對自己不誠實，便會輕易實現他人的夢想。好一點的情況是，你會對自己說「應該」。這裡的「應該」是指你內心對自己說的話，「你應該更常去健身房」，或是「你應該更有野心，在三十五歲前當上高階經理」。我很想發起一場運

動，讓「應該」這個詞從英文這個語言中消失。到目前為止，我還是想不到這個詞能造出什麼令人感覺良好，或是激勵人心的句子！

早期的影響者極具影響力

孩提時期，我們藉由模仿、複製周遭的行為來學習。我們接受眼前見到的、已完成的事情並賦予它意義，使其成為我們的真理。聽到的言語是其次——眼見為憑。「照我說的做，不是按照我做的」，所有聽過父母或照顧者這麼說的人定能明白。當你還小的時候，可能很聽話且服從指令，但當你能夠選擇自己的道路時，可能就會做那些已經有人做過的事，而非別人嘴上說的事。

身為父母，你應該知道自孩子還小時全家圍著餐桌一起吃飯聊天是件好事。你甚至有可能告訴他們這就是真理……但如果你做了相反的行為，比方說大部分的早晨都是抓著早餐衝出門上班、工作一整天後選擇坐在電視前面吃飯，那麼你所傳遞出來的訊息跟你說過的話就是完全相反的。你會相信哪一種行為，會複製哪一種呢？

小故事 Story

小時候我生活在西康瓦爾郡的一個衛理公會家庭，我爸爸是郵政總局的電信工程師，媽媽則是大部分時間待在家，在我去上學時做些兼職。我的父母從未對我說過這些話，「找份合適的工作，我們會很驕傲」、「所有疾病不看醫生都會痊癒」或是「有了小孩後要繼續工作，否則會失去自我」。要是他們有這麼說，我應該會提出爭論，因為這些話聽起來都非常極端且死板。但即使沒有人這麼對我說過，我依舊信奉了這些真理。我注意到了周遭世界發生的事情、我愛的人們以及有重要影響力的人（比如老師）做的事情，並像個孩子一樣賦予這些事情意義。這就是為何人類能成為奇異且複雜的物種的原因。我所賦予的意義，有些直至今日都非常有益，然而其他意義卻將我帶到了不合適的道路上。「找份適合的工作」這個內在聲響將我帶進了銀行與金融業——不是一個有創意的靈魂能恣意發展的地方。我不會改變這些經歷，因為這些經驗代表我能與那個世界的人有更多連結並且與他們一同工作，且接受過良好的財金訓練意味著我是一名更值得信賴的商人。若我有意走這條路，我會選擇不同的時間以及（或者）不同的專業項目。有意識的選擇可以帶來正面的影響。

Exercise

重要的影響者和意義

探索你成長過程中的主要影響者以及你賦予的意義，注意你是否習慣性地遵訓某種舊有的行為模式。制訂屬於自己有意識的選擇，並釐清想要有所改變的領域。

人物例子	我從他們身上看到／聽到／感覺到的重要事情	我認為這有什麼意涵	這個信念仍然存在嗎？它有益嗎？
媽媽	看著她的手從深受關節炎之苦變成能夠自由地編織及活動	你可以自我修復——精神勝過物質，這句話是真的	依然存在且很有幫助，值得保留

老師	看著他們因為小孩回答錯誤答案而大吼	必須不惜一切代價避免失誤	一點用處都沒有。錯誤只是回饋、能幫助你進步，這樣的信念更有用。

1. 列出所有你認為是孩提時期重要的影響者，例如：老師、父母、照顧者、手足、朋友、醫生／牙醫
2. 思考一下，寫下來自每個領域的意義或信念。
3. 至今仍然影響你嗎？

若你不喜歡結構和表格，那麼還有另一種方法，一種我發現用來思考與撰寫信念很有效的方式：

真理是……

而我相信……

將這些問題用在生活的主要層面，看看會發生什麼事。

建立你想要的生活

之所以閱讀這本書，可能是因為你正處於人生的某個階段，正在思考自己將前往何方、思考目前為止做出的選擇的影響，以及思索未來是否要做出改變。你可能正面臨這樣的時刻，特別是重大的生日節慶前後，開始反思迄今為止生活中做過的事情。或者你可能有過失去至親摯愛的經驗，進而讓你想到了自己的生命有限。有些人可能經歷過「被點醒」的時刻，其他人可能只是對事情的可能性感到好奇。無論如何，選擇你想要建立的生活，一個想要在年老時坐在搖椅上回顧的生活，無非是件好事。

思考想要創造的生活時，我發現有兩種常見的方法。一種是循序漸進且機會主義的。這種方法即刻開始，逐漸累積、打造生活直至機會來臨。另一種方法則是以終為始，制訂你未來想要的願景，然後回溯看看實現目標需要採取哪些步驟。這兩種方式，一個是採行結構性的計畫，另一個則是立即執行，兩種都能帶來有效的好結果。漸進式方法的優點是可以實現實際的結果，缺點則是一旦踏上了某條路，選擇就會受限。正因為如此，我建議讓分析思維隨意漫遊，稍微放個假。讓你的思緒飄向未來五／十／二十／四十年，想像生活會是什麼模樣，你會住在哪、會有怎樣的談話、喜歡講述什麼故事？仔細想想房子、地點、人物的細節，你將會擁有一個激勵人心的前進目標。你創造的願景會體現出一些實際的事情，幫助你一路做出選擇。舉例來說，若你坐在英格蘭東南部的一棟住宅陽台上俯瞰大海，那麼這肯定花費不貲。了解這點代表你可以計算出實現這一目標所需要的收入。如果你希望孫子孫女們在院子裡跑來跑去，那麼選擇很明顯，你需要在某個時刻擁有自己的孩子。

這些激勵人心的未來願景的每一環節都會指引你今天做出的選擇，並在事情變得艱困時幫助你繼續朝著目標前行。

想像自己的未來並付諸行動時，生活中有些事情是無法改變的，你的時間安排和計劃表需要考慮到這點。接受某幾件不可改變的事情，看起來合乎常理且能提高信心。其中之一便是家庭，特別是對女人而言。當我和一位在職場非常成功的職業女性合作時，我真心感到很難過，因為她意識到自己是否該成家的選擇權不再掌握在自己手中。現代科學已經有了長足的進步，女性生育機率的時間軸已經延長，然而生孩子這個現實問題仍舊受到年齡的影響。你有很多選擇，而年齡影響著每一個抉擇。比方說，為什麼需要儘早意識並打造想要的生活呢，因為人到了生活的某個時刻便再也沒有機會實現渴望的目標，沒有什麼比這項事實更真切了。

小故事 Story

在國際慈善組織擔任人才計畫的職業教練期間，我教導了該計畫的新任成員之一愛麗絲上述的概念。愛麗絲是一位積極進取、成就斐然的女性。她的能量精力值得一探究竟。她會將每一天的每一刻都用來做有用的事，甚至每天都會在從地鐵站走到公司的途中用手機聆聽大學的講座。她很清楚未來三十年的願景，在沒有透露完整細節的描述下，她回顧了自己的國際職涯，擁有在非洲及亞洲生活的經驗、一個滿屋子狗狗和子孫們的家，歡笑喧鬧聲伴隨左右。我們幫愛麗絲制訂時間表，替未來三十年打造一個迷人的願景時，選擇將計畫分為十年一單位、然後是五年一個單位。如此一來，愛麗絲便能獲得具體答案，知道自己想要什麼以及什麼之於自己才是重要的，這也符合她目標導向的價值觀。即刻進入第一階段（三十二至三十七歲）時，我問她何時想像過要在未來建立一個描繪地如此生動的家庭。看著愛麗絲想要的職業和生活所需的要素，我們需要開始排列先後順序。這時她首次意識到，她那「有一天我會擁有孩子」的構想是有有效期限的。如果這確實是她想要的，那麼未來幾年就必須執行，而不是「有一天」。我之所以喜歡這則故事，是因為愛麗絲隨後做了有意識的選擇，回家展開了一場家庭對談。我很高興地告訴大家，現在愛麗絲和她的伴侶是一對驕傲的父母，他們的女兒將在明年入讀國際學校……在奈洛比的國際學校。

Exercise

創造你專屬的生活或職涯規劃

拿一張A4紙，在上頭畫好以下這張圖——

選一個適合你的時間框架——切記要預留足夠長的時間，讓你擁有想像的空間。

開始描述你目前的情況。考量以下幾點：

- 你的環境，你住哪、在哪工作、氣氛和文化氛圍。

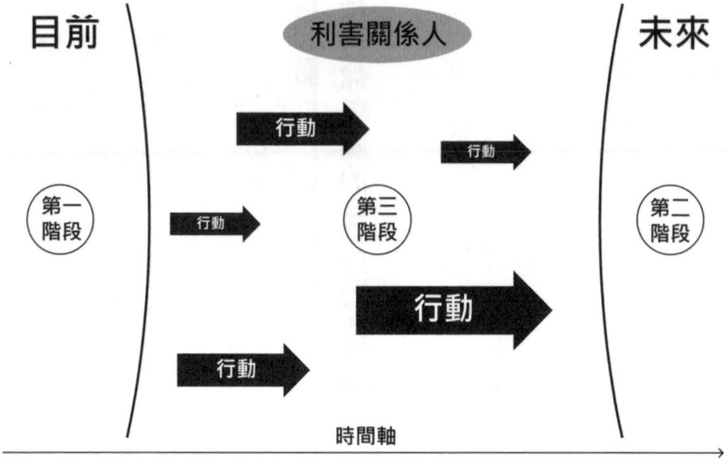

・你的技巧和能力，你目前做什麼，你知道些什麼。

・在目前的情況下，你和周遭的人在工作中和在家中的行為為何？人們的舉止為何？

・目前對你而言重要的事。你現在相信什麼？

・你是誰。你象徵什麼？

一旦你理解了當下的情況，接下來要考慮的是你想要什麼，而非直接跳到行動或計劃的階段。你渴望怎樣的未來？你心中迷人的願景為何？

在紙張的右側，寫下與當前情況相同的描述語句，但請開始描述你是誰、你象徵著什麼，一路思索直到有了完整的畫面為止。

現在是時候將時間軸拆解成適合你的時間框架，以便讓你能夠自問這些問題：「現階段我怎麼知道自己有走上軌道？」、「此時此刻，對我來說什麼是真實的？」分解好時間框架並思考這些問題後，這時要邀請你的分析大腦回來上班，開始忙著制訂計畫了。

打造你的地圖時，有一額外的區塊要思考，「誰是關鍵的利害關係人？」你可能會發現他們不僅僅是在一開始很有幫助，而是經常幫助你創造願景（尤其是當你創造人生計畫的時候）。

定期花時間審視自己

聖雄甘地曾說過：「生活不僅僅是加快腳步」，然而當今世界似乎走得越來越快。你比以往更能獲取大量知識和資源。時間不知不覺就過了。若你沒有喘息和回顧的空間，有一天醒來，可能會好奇自己究竟是如何走到當下的境地的（好或壞的境地皆然）。

「如果死亡只是暫別舞台，時間久到足以讓它更換戲服，然後又以全新的角色身分登台，那你會放慢速度嗎？還是加快呢？」

——恰克．帕拉尼克（Chuck Palahniuk）

若你一直跑在快車道上，從不停下來好好加個油或休息，可能會發現自己在身體、情緒和心理上都面臨困境。你可能一直都非常努力地攀登屬於自己的階梯，以應付工作、取得進步、期許事情發生——但當你爬到頂端時，卻發現自己的梯子靠在了錯誤的一面牆上。

我在參與第一次訓練課程時，就遇到了這種危險。有人告訴我鍋裡的青蛙的故事，你可能也有聽過。這則故事一直縈繞著我，在很多情況下也被證明是正確無誤的概念，因此值得重複和分享出去……有個建議——不要上YouTube搜尋相關影片，因為很恐怖！

如果你把青蛙丟到一鍋滾水裡，想當然牠會瘋狂地試圖爬出。但若你輕輕將牠放入一鍋溫水裡，開小火，那牠就會安靜地浮在水中。隨著水溫逐漸上升，青蛙會陷入一種平靜的恍惚狀態，就跟人泡在熱水裡一樣，不久之後，青蛙臉上會露出微笑，毫無反抗地讓自己被煮到死。

——丹尼爾・奎因（Daniel Quinn）的《B的故事》（*The Story of B*）中的版本。

人類相當於青蛙，隨著時間的推移，你的工作時間會越來越長，或者你的壓力閥門會慢慢打開，用以平衡家庭生活和工作。無論你面臨的個人困境為何，若沒有時間退後一步喘口氣，那麼某些層面可能已經變得太燙了，而你卻沒有發現。當事情一步一步逐漸改變時，我們就會變得麻木。因此，自我檢查是減輕精疲力盡（或沸騰，如果你是青蛙）風險的一種方法。

Exercise

自我檢查

放鬆心神進行自我檢查，而非將之視為繁重的任務，可以提高實際達成目的的可能性。一定要保持足夠高的頻率，如此，當你那隱喻性的水開始變熱時，就會注意到並選擇在陷入昏迷狀態之前跳出來。以下是我用過能成功自我檢查的方法——若你有其他的好辦法，也請分享出來。我很喜歡聆聽成功的故事。

方法一：記錄你的自我檢查時間，把它當成維修任務的一種。你可能會每六、十二個月去檢查牙齒，或是每六週剪一次頭髮。因此，每三到六個月在日記中空下一段時間，停下腳步、深呼吸，留意生活中的一切以及前進的方向，並問問自己這麼做對自己有沒有幫助。

方法二：拿一張紙，畫出以下表格：

	重要性1～10	精力1～10	滿意度1～10
社交：例如家人、朋友、節慶			
情緒：例如做你享受的事，創造連結			
知識面：例如閱讀、寫作、學習、訓練			
精神面：例如冥想、參觀藝廊、志願活動			
生理面：例如運動、飲食、放鬆休息、睡眠			

針對每個種類，問自己以下三個問題：

· 生活中的這個領域對我有多重要？
· 在這個領域中，目前我投放了多少精力？
· 對於這個領域，目前我的滿意度為何？

以1到10評量重要性、精力和滿意度。1代表完全不重要，10則代表你所能想像得到的最重要程度。注意你打的分數之間的平衡。你有將精力放在你認為最重要的事情上嗎？你的痛點在哪，可以如何改善？你對該領域目前的狀態是否滿意？如果滿意，那麼你就可以放輕鬆，繼續做你目前正在做的事情，並將精力放在其他地方。

你有能力創造你想要的生活

每個人的內心都有答案。你可能需要幫助、鼓勵、挑戰並一路向他人學習……但重要的是，要知道你是最了解自己適合什麼的人。相信自己，擁有繼續下去的韌性是創造生活滿足感的關鍵。

向打擊者及干擾者說不

對許多人來說，這可能是一種取悅他人的內在驅動力，也就是你們對任何請求都會自動回答「好的，當然」。接下來可能就會出現「天哪，我該怎麼做？」的聲音，或是發現自己得多工作十二個小時。當電話響起或是某個人出現在你辦公桌前，就是打破這個模式的時候，在出聲回應前，稍微停頓一下，考量自己的選擇！很可能你長時間以來一直都下意識地回答「好」，所以單純意識到自己需要改變還不足以打破這種模式。

小故事 Story

要想做出改變，最有效的方法並不是客戶告訴我的，而是我所合作的一家全球電信公司的一小群團隊成員。我為他們上了一系列「濃縮咖啡」課程，因為經常去他們的辦公室，我感覺自己很像團隊的一員。別被這個課程名稱弄糊塗了。「濃縮咖啡」課程跟咖啡沒有關係。這是指一種簡短、非凡且很有力的研討方法。我們聚在一起僅僅三小時，投入精力和經驗學習到不同主題的東西，題材從「讓會議變得重要」到「與變化共存」都有。有一場研討會是關於「掌握最重要的事」，十二名加入課程的成員都渴望學習如何說不（同時又不會失禮）。在不違反個人主動說「好」的原因的匿名保密條件下，我可以分享一個常見的共同主題——習慣；這種習慣的產生是因為他們想做好工作，對他們來說，這就代表了要承擔任何交付給他們的事務——無論付出什麼代價。在研討會中我分享了提姆．蓋爾威的停止（STOP）工具（見下頁），在倫敦時我有幸和他一起受訓。他是位鼓舞人心的人，已經七十多歲仍然能在網球場上擊敗我，也是我遇過最棒的教練之一。返回辦公室的路上，我遇到一位有參與研討會的人。他拉起我的手帶我到行銷部的樓層，而我在那裡看到的景象令我臉上漾起大大的笑容。在開放式辦公桌周圍，許多人的電話旁邊都貼著寫有「停止」的路標圖片。帶我觀看這幅景象的蒂姆和我分享道，自研討會以來，團隊成功營造了一種相互支持的氛圍，其中包括了在答應請求之前先考慮時間先後順序和該請求帶來的影響……而這根本不影響他們對幫助同事這件事的看法。他非常高興，因為現在可以更規律地準時離開辦公室，回家為小兒子讀睡前故事。

說不可以帶來莊重感，也能幫助你空出時間考慮之於你真正重要的事。傾聽支持者的意見並避免平減指數可以讓你將注意力集中在想要的事物，以及留意什麼能對你、你的團隊和組織產生真正的影響。

Exercise

停止工具

想像一下自己是名羅馬將軍，騎馬衝鋒陷陣，後頭跟著你的軍隊。你遇到了一堵牆，一堵你沒法越過的高牆。這時你會怎麼做？

直接過去？

繞過它？

撞破它？

針對這個問題有很多種答案，但很多都會導致死亡。如果你在跳躍之前不先放慢速度看看牆後有什麼，可能會遇到敵軍埋伏！

另一方面，停止。後退一步，你便能看到牆的另一端，同時間你還能看看自己的士兵以及高牆另一端的敵軍隊伍。

你的日常生活不太可能像個戰場，但時不時也會有壓力。「停止」可以幫助你在急匆匆的生活中將手指從快轉按鈕上移開。阻止你不顧一切地耕耘、阻止你被生活的需求和現代科技的壓力逼得加快腳步。在一個不論身處何處都隨叫隨到的世界裡——拜手機所賜，請暫停一下。暫時忽略路邊、電視、電話、網路、貼文、報告……裡源源不斷的資訊和垃圾廣告……

後退
如此你便能看到牆的另一端

思考
留意你的選擇，設立目標

組織
計畫並溝通下個步驟

前進
做你決定好、計畫好的事

參考來源：提姆 ·蓋爾威（Tim Gallwey）

「花時間思考就是贏得時間去生活。」

——楠西・克林（Nancy Kline）

你所欣賞的他人特點，你自己也有

要想看見另一人身上的某種東西，你必須先搞清楚那東西是什麼。要知道那是什麼，你必定要先親身體驗過。要想體驗過，那東西必定首先存在於你體內，即便只有經歷過電光石火一瞬間也一樣。若你不懂某樣東西，就沒法用文字或情緒去描述它。我們的大腦中有一種名為鏡像神經元的東西，許多認知心理學家會說它是我們如何透過模仿（以及其他許多東西）學習事物的關鍵。鏡像神經元是一種當動物做某件事，接著觀察另一隻動物執行相同動作時做出反應的神經元。靈長類動物已經接受了許多測試，用以了解這種現象並探索這如何有助於治療自閉症等疾病。不過，對於大多數人來說，這算是一個有趣的資訊，無需了解詳細的科學內容，你也可以開始思考自己是誰、自己的行為方式以及自己對他人的看法和影響。要成為最好的自己，首先要相信自己已經擁有了一切。能夠做出選擇首先要了解什麼對你來說是重要的、什麼是有價值的。

知道自己想去哪裡、想成爲什麼樣的人。

Exercise

英雄和壞蛋

第一步：列出你最欣賞的五個人以及最討厭的五個人。他們可以是真實的或是虛構、過去的或是當代的、熟識的或不親近的人。在一張大大的紙上畫出他們的特徵（如果有掛圖更好）。

第二步：定義出你之所以欣賞或討厭的特徵、能力或貢獻。用符號或圖像說明你的作品，以捕捉這些特徵以及你的情緒張力。

第三步：關於每一位你欣賞的人，問問這個問題：他們體現出什麼價值？對於你討厭的每個人，請這麼問：他們違反了什麼價值？

第四步：以下問題：藉由這些問題，什麼價值觀之於我才是重要的？

自我肯定很有效

若你相信別人對你的評論，那何不想想自己對自己的看法呢？搞不好你已經想過了，或許你就是自己最棒的啦啦隊長。若真是這樣，那就太棒了。然而，對於部分的人來說，有時候內心的聲音可能不支持自己，可能會說你是蠢蛋或者認為你不夠好。我曾與富時指數100公司（FTSE 100）的高階經理們合作，他們的內心認為自己終有一天會被糾出錯誤。一位和我合作的通訊部們總監心裡總認為自己不是當總監的料，並質疑自己究竟是誰，怎麼能拒絕他人的請求。這代表他的團隊相當愛戴他，因為他總是有空幫忙，但也意味著他的排程中沒有任何做其他事情的空檔，沒有空間讓他思考，甚至沒有時間處理一週以來每天帶著上下班的文件。其導致的後果範圍相當廣泛，他無法如願見到孩子，因而感覺自己是個糟糕的爸爸，與此同時，在工作中他被認為是一個實幹者，而非一個戰略思考者，也就是說在這兩個層面他都沒有達到目標。

內在的聲音擁有力量，而這正是你自己的聲音（大部分都是）。因為這是你的聲音，存在於你的腦袋裡，意思就是你能教導它說些勵志的好話，也能允許它繼續批判。

你對自己說些什麼話，會表現在你的生理行為中，決定你怎麼控制身體。其他人會評判你的生理表現。身為一個人，你會根據各種假設來理解眼前所見。一個常見的情況便是，當你看到一個人稍微駝背、不表露情緒且低著頭時，即表示這人在某種程度上很害羞或是很懦弱。這些甚至也表現在語氣和握手的方式中——想想九〇年代的大衛·貝克漢（**David Beckham**），當時他的聲樂教練將他的音調降低了八度，或者想想上次參加會議時遇到的死魚式握手。（伸出來的手軟趴趴的沒有力氣，連搖動一下的意圖都沒有，且摸起來冰冷濕黏。）這兩個例子都替你對一個人的看法設下基調，也和你心裡對他們及自己的看法密切相關。

小故事 Story

當我和身為職涯教練的客戶金合作時，這種關聯顯而易見。她正在準備公司內的一場面試，但卻沒有相關的經驗。她一直從事風險管理和審計的工作，後來決定要追尋熱情，與年輕人一同工作。在我們進入面試準備和履歷分析這些複雜的程序之前，我很想了解金的內在聲音是如何看待這次的轉變。所以我這麼問，「為什麼妳想做年輕人的工作？」她的回答聲音細若蚊蠅且滿懷歉意，我知道在那一刻她並不相信自己能獲得這份工作……她很可能對自己說些無益的話，例如「我沒有資格待在這個領域」或是「他們幹嘛要雇用沒什麼經驗的人」。現在，這些答案看似能用來回答問題，但不斷在心裡重複這些話一點益處都沒有。

不斷努力後，金肯定了自身的熱情，即要創建一個健康的社區，而她相信當代的年輕人是這個目標的核心人物。值得注意的是，當看著她練習大聲唸出新的信念時，她說每唸一次她就能站得更高。在我面前，她變得更加壯碩，看起來也就更有自信。身為一名人力招聘經理，我知道自己更想雇用哪種版本的金。

了解我們對自己、我們的身體和他人的評語之間的聯繫很有用，因為透過改變我們的生理機能或我們所說的話，可以產生立竿見影的影響。因此，抬頭挺胸、深呼吸，用以下的小工具打造專屬於你的正向信念……重複練習直到你相信它為止！

Exercise

自我肯定——編故事

因為這是你自己的故事，你可以隨心編造內容。事實證明，有種編故事的方法能夠有效改變人們看待疾病的方式，甚至能改變個人的幸福：

1. 思考生活中你珍視的領域，例如宗教、運動、家庭、音樂能力、人際關係等等。
2. 從清單中選一個最重要的領域。
3. 寫下該領域顯得特別重要的時刻以及原因。

就這麼簡單！這是個小小的寫作練習，只需要幾分鐘就能讓你的大腦專注在對你而言真正重要的事情上。

你可能會想每天進行自我肯定的練習。若這是你享受的事，那麼請在故事中找一句簡短的信念陳述，每天早上都可以對自己說，以專注於重要的事。我聽過一些有效的例子：

- 我很快樂、健康、優秀。
- 我相信自己，相信自己有能力做任何想做的事。
- 我不再需要尋找其他人的認可。
- 我們利用擁有的資源盡力而為。
- 我是一個有動力且勇敢的人。

創造你自己的肯定語句，其中要包含對你而言重要的角色，例如媽媽、領導者或教練。

地圖並非領土

我在學校最喜歡的科目是地理。我最喜歡花時間研究地圖，檢視上頭的等高線和地名、想像每個村莊和小鎮是什麼模樣、看看自然地區和建築物如何，以及鄉村地區有多少酒吧和教堂。所以看見我說地圖並非領土時，你可能以為我指的是字面上的意思。某方面看來確實是，但更多時候我是在隱喻。即便我任由想像力飛馳，也不知道村莊大街長什麼樣子、不知道標記為綠地的山頂是否蓊鬱或者有沒有沼澤，因為當時還沒有谷歌地圖的街景服務。真正的地圖並不會告訴我們有關領土的一切。地圖或許是有用的指南，但沒法告訴我們一切真相。同樣地，你一生中為自己創造的地圖，這地圖關於你的生活、你生而為人這件事、你的居住地、你的身分、好或不好的人際關係、因場合而異的合適舉止……這條清單無限長……這些地圖也沒有告訴我們全部的故事，內容也肯定不是事實。

你的地圖與眾不同

我們的生活如此相異，但可能沒有注意或思考過我們的小小領域之外更廣泛的事。

我生長在康瓦爾西部的一個小城鎮，在那裡所有人都知道彼此的名字，這點和我幾年前在位於德班（Durban）的街頭兒童慈善機構烏通博（Umthombo）募款時遇到的街頭兒童截然不同。他們的地圖和現實充斥著暴力、貧窮和生存，婦女和女孩不被珍惜，而是被當成交易物品。我的成長地圖雖然多方面看來都很傳統，但卻是一張平等且安全的地圖。然而，你不需要出生在別的國家，也能擁有與他人不同的地圖，你和他人甚至是來自同個城鎮或同個家庭，在相同的環境中卻擁有相異的生活經驗。你閱讀這本書時所在的地方，隔壁的人和你有著完全不同的經歷。若你旁邊沒人，那就去到房間的另一端，觀點即會有所改變。在任何一個時刻，我們周遭都會產生 2,000,000,000 bps（每秒位元）的訊息。你的大腦有個很棒的過濾系統，讓你能夠生存在一個發生如此多事情的世界中，因為大腦最多只能處理 134 bps 的資訊。我們過濾掉的資訊量高達 1,999,999,866 位元。因此，所有人擁有相同經驗，過濾完後擁有相同 134 bps 資訊的可能性極低。這是我們存在於這個世界的固有方式，也意味著每個人都必須建立自己獨特的世界地圖，因為我們每秒鐘看到、聽到和感受到的 134 bps 資訊都是不同的。

建立地圖時，你的參照點和經驗會提供指引。它們助你做決定、做選擇。這些抉擇有意識或無意識地受到你的價值觀（對你而言重要的事）和你的信念（我們

「知道」真實不虛的事）所驅動。你的信念和價值觀息息相關，它們驅動你的行為，讓你每天踏上特定的道路。就跟鄉間的綿羊一樣，若你經常走同樣的路，就會走出一條「羊腸小徑」——一條你固定會走的路——一條習慣使然的路。有時這真的很有用，不需要思考就能做事。然而，在生活中學習且成長時，十年前受用的習慣或羊腸小徑今天可能無法帶你走往正確的方向。

我珍視的一項價值觀便是尊重。「己所不欲，勿施於人」是自小我父母表現出來的行為。你可能也是生長在類似的家庭，或者你也覺得尊重他人很重要。若是如此，那麼可以想想在你的價

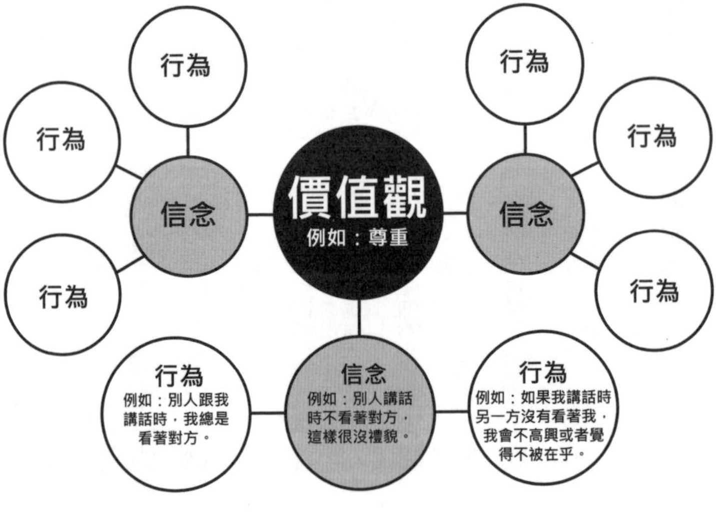
價值觀
例如：尊重
信念
信念
信念
例如：別人講話時不看著對方，這樣很沒禮貌。
行為
行為
行為
行為
行為
行為
行為
例如：別人跟我講話時，我總是看著對方。
行為
例如：如果我講話時另一方沒有看著我，我會不高興或者覺得不被在乎。

值觀當中，有關尊重的信念是什麼、這些信念驅動了什麼行為以及是否有益，這樣做應該很有趣。

小故事 Story

幾年前，我和丈夫一起參加了一位朋友舉辦的有關銷售心理學的夜間研討會。我們之所以參加，大多是為了支持艾莉森，因為那是她第一次單獨舉辦研討會，再加上我們倆都對主題感興趣，因為身為自雇者必須銷售自身的商品以賺錢謀生。研討會開始大約二十分鐘後，我感覺自己悄悄地醞釀出了針對我丈夫馬可斯的怒氣，因為他在滑他的iPhone，在我看來，他應該是要觀看並聆聽艾莉森的演說才對——在對方說話時滑手機，顯得馬可斯相當不尊重人。因為他這個行為違背了我的價值觀之一，你能想像我內心有多憤怒。我想到了所有「他怎麼能……」之類的話語，成功地讓自己怒火中燒。研討會大約進行了三十分鐘後，艾莉森問了聽眾一個問題。是我們參與其中的時候了。要想加入，就必須吸收她在台上演講的內容，因此我心想「馬可斯不可能有辦法參與——他令我們失望了」……接著他卻問了一個艾莉森一個最令人驚嘆的問題，若他在之前的三十分鐘沒有全神貫注聆聽的話，是不可能問出這個問題的。現在我好奇心大發了。他是怎麼辦到的，我為何反應那麼大？仔細思索一番後，我領會到這和我的「尊重」價值觀有關，我有一個「看↓聽」的規則，這是我表達對他人的尊重的信念。這個「看↓聽」規則令我相信，若你有在聽我說話，就必須看著我。若此時你正點頭如搗蒜，或是心想「沒錯，有看著對方才代表有在聆聽」，那麼你可能跟我一樣生長在這樣的家庭，父母會對你說，「我跟你講話時眼睛要看著我。」身為小孩時，經常聽到身邊的人這樣講便會建立起信念，而我們相信這就是真理。然而，不是所有人的父母都會這樣講。我丈夫肯定沒有聽過。他的年少時期更為靈活有彈性，也更富創意。他總說自己是自由放養的動物，沒有所謂的「看↓聽」規定。事實上，他為了要能夠專心傾聽並吸收內容，需要將目光移開，要麼看向窗外，要麼看著手機，這樣就不會因演講者的視覺影響而分心。他的大腦以非線性的方式連接，也就是說當多個領域同時運作時，他更能集中心神。因此，這是兩種截然不同的看待世界的方式，它們影響了我們的日常生活，也影響我們理解世界的方式。

TIPS

下次你被某人惹惱，或者發現你的信念異於他人時，不要有所反應也不要試著說服，而是以好奇的目光做出詢問：「需要什麼條件我才能有這樣的信念，要如何才能做出一樣的事？」

感知即現實

你看到、聽到、感受到的就是你在這個世界上必須經歷的一切，用以理解周遭發生的事物。你的看法就是現實，因為它們就是你的經歷。同時間，你在這個章節有讀到過濾系統，這些感知也並非全是現實。還記得每秒2,000,000,000位元的資訊你只接收了其中的134嗎？你還需要替這個過濾系統加上一個觀念，即身為一個人，你生來就不希望犯錯，因此會過濾這個世界，尋找能讓自己有正確感知的例子。

小故事 Story

二〇〇七年，我和好友瑞秋在非洲駕駛著一九六九年的福斯金龜車參加一場慈善賽車比賽。其中某一天，過濾系統對我的情緒產生了巨大的影響。此時我們已經開車經過南非的多處海岸，穿過納米比亞並正在冒險進入波札那。前往一些相當偏遠的地區時，道路大多是岩石土路。在我開車行經一個被稱為村落的地方時，我看見只穿著半身衣服的小孩在路邊乞討。我們有聽過警告，說在某些地區這些孩童被用來吸引觀光客，接著就會有大人來搶走你身上值錢的東西，因此我們知道不能停車。但那畫面依舊令人沮喪，因為那影響到我了，隨著旅程繼續下去，我看到越來越多極度貧困和飢餓的孩子。幸好我朋友瑞秋是位出色的教練，她開始詢問問題讓我的目光不再局限於乞討的孩童。當我的眼前不再有濾鏡時，我發現開車時我能夠留意其他孩子。他們穿著嶄新的校服，幾乎閃閃發亮的白襯衫，上了一天課後走回家時臉上掛著笑容，他們都住在村裡的土屋，但快樂又健康。

你的看法就跟我在非洲時一樣，可能會因為你所看到和聯繫到的畫面而扭曲，或者它們可能會因為迄今為止的生活經歷而有了慣性的設定。很高興知道感知並不一定是現實，開始問問自己：「這裡還有什麼可能是真實的，我錯過了什麼？」

TIPS

忠於自我，並對所有的可能持開放態度。隨著時間的推移，每一次，真實和變通都會戰勝虛假和死板。

天氣會改變地圖和領地

如果你曾經去過荒野，就知道這句話屬實。二十多歲時我住在達特穆爾，待在那裡的優缺點都是那不斷變化的景觀。本來陽光明媚動人，能看到遠處的海岸，但轉眼之間霧氣就會瀰漫開來，直到再也看不見前方的景象。

暴風雨和陽光都存在於天氣系統和生活中。某幾天你可能需要記得帶傘，其他時候你只要趕快跑進室內或者乾脆讓全身濕透。不論是哪種情況，關鍵是要做好準備，睜大眼睛觀察正在發生的事情，以便選擇接下來的行動。有時候，生活中的壓力會與日俱增，其他時候，它們則更像是不知從何而來的海嘯或龍捲風。出現變化時，第一步通常是要接受改變，承認情況已經有所不同，而非轉身和放棄。

身為一個獨一無二的個體，你的壓力來源與他人不同。對某些人來說，信箱中滿滿的郵件和長長的待辦工作令人備感壓力，其他人則認為這樣能激起前進的動力。要想獲得力量和效益，必須先瞭解自己的壓力源，學習該如何將壓力降到最低。想要管理壓力時會面臨的一個挑戰，某件事是一項令人疲憊的挑戰，在它令你陷入緊張並壓垮你之前，這之間的界限非常細微。你越能注意到自己的早期警報，就越能提早採取措施避免壓力。

「心理壓力：人們面對過多外部壓力和其他加諸在他們身上的需求時所產生的不良影響。」

——健康與安全執行委員會

若將壓力視為太多事情發生時，感到不知所措、失控和緊張的感覺，健康與安全執行委員會對壓力的定義並沒有錯，但它沒有考慮到正向的壓力。沒錯，正向壓力——橋樑要穩固所需要的那種壓力，認識壓力源便能夠放置基石，未來幾年安穩地支撐住橋樑。你有自己的壓力源，能激勵你讓你變得更強壯。關鍵或許是要知道你自己的正向壓力和被擊垮之間的界限在哪裡，並在壓力較小的時候鍛鍊你的肌肉，以便在壓力來臨時擁有足夠的力量。

Exercise

壓力指標

讓我們找出你的壓力的早期指標。以下清單並不詳盡，請將它當作考量自身壓力指標的參考。

勾選可能適用你的選項，並加上新的內容。

生理

□沒胃口或吃太多
□頭痛
□肌肉痠痛
□感覺緊繃
□睡眠障礙／失眠
□困倦／疲累
□體重下降或上升
□容易感冒
□腹痛、不適、腹瀉
□心跳加速
□多意外
□磨牙
□煩躁易怒
□腳不停踩踏／敲擊手指
□增加酒精、藥品或菸草的攝入量
□潛在的健康狀況惡化，例如：皮疹、皮膚問題

精神／智力

□記性差
□感官遲鈍

- □ 無法專注
- □ 沒有新的靈感
- □ 雜亂無章、困惑且毫無準備
- □ 生產力低下
- □ 負面或是「不在乎」的態度

心理

- □ 失去意義、方向和目的
- □ 不願饒恕
- □ 尋求魔法
- □ 玩世不恭
- □ 懷疑
- □ 犧牲
- □ 需要「證明」自己
- □ 冷漠且不願做出承諾

情緒

- □ 焦慮
- □ 沮喪
- □ 情緒起伏大
- □ 哭鬧／想哭
- □ 擔憂
- □ 易怒
- □ 壞脾氣／暴怒
- □ 感到孤獨

☐憂鬱或低落

☐神經衰弱

社交

☐想要被孤立、獨處、躲起來

☐家庭和工作中的爭執變多

☐迴避溝通

☐缺乏親密感

☐不信任

☐沉悶

☐無趣

☐負面的自我對話

☐不寬容

☐猛烈抨擊

☐性致低落

☐嘮叨

☐少和朋友聯繫

☐了無生氣

☐發呆或「脫節」

下一步，留意是否有針對特定類別的徵兆？你的反應主要是生理上的，還是社交疏離的反應？

了解指標且能描述它們能幫助你和周遭的人儘早管理壓力，且是以一種正向的方式。

相信，才能帶來真正的改變

在你生命中著某個時期，可能真的相信牙仙子的存在，若我們回到十三世紀初，你可能會相信地球是平的。事情之所以改變要麼是你學習或發現了新的事物，要麼是由於你的成熟和成長。到了四十歲還相信牙仙子的存在，應該不會帶你通往令人滿意和成功生活的道路，但身為一個六歲的孩子，相信牙仙子可能是件非常神奇的事。不同的信念適用於不同的人生階段，保有足夠的靈活度，銘記萬物皆有變化，這麼做是很健康的。

信念和真理是不同的

告訴自己某件事有可能完成，就能讓自己擺脫壓力和內在衝突。若你堅持信念和真理是同一件事，可能會感覺良好且獲得滿足感，但可能有很多人想證明你們是錯的，或者你侷限了自己生活中的人際圈，因為他們必須相信你的行為才能融入圈子。不論如何都是你的選擇，本身並無對錯之分。你可能要考慮的是，在思緒及信念中加入「但是」這個詞。「我沒有辦法跑完一場馬拉松，但是——」，或者是「我沒有足夠多管理他人的經驗，無法申請升職，但是——」。向自己說說有「但是」和沒有「但是」兩種版本的語句，注意感覺有何不同。一種是靜態的，是事實的陳述（表面上是），另一種則同時包含了現實和其他可能性。我知道自己比較想擁有哪一種表述，也知道哪一種對和我合作的人的生活產生了影響。

事實

1. 事情的真相或實際狀態：他試圖找出真相。
2. 符合事實或現實；真實性：陳述句中的事實。
3. 已經證實或無可爭議的真理、主張、準則等等：數學真理。
4. 真正的狀態或特徵。
5. 實際情況或實際存在的事物。

信念

1. 被相信的事物；一則意見或信仰：相信地球是平的。
2. 相信某些事物或存在的情況無法立即得到嚴謹的證實：不值得相信的陳述。
3. 信心；信仰；信任：孩子信任他們的父母。
4. 一個或多個宗教信條；宗教的教義：基督教的信仰。

相反的觀點可能是正確的

二十一世紀的現在，我們生活在一個二元論的世界。反方的意見可幫助我們理解世界，舉例來說：黑／白、好／壞、痛苦／快樂、緊急／計畫、機械／生命……說也說不完。某人或某事可以好壞並存、快樂和痛苦能同時存在，這念頭可能非常難理解。一旦你開始放棄掌控權和必然的信念，世界將在你面前展開。

衝突往往是緊守二元論的結果，二元論的信念是，如果一件事是正確的，那麼另一件事就一定是錯的。一人認為隨機、無計劃的事，另一人就將之視為魯莽或懶惰，因為在他們的世界地圖中，沒有計劃的事情就是一團亂。在工作和家庭環境中，我看到很多爭執都源自於這種思考方式。

Exercise

解決衝突——透過他人的雙眼觀看世界

首先準備三張面對面的椅子。一張給你，一張給和你有衝突的人，當你能夠抽離情況，客觀地看待衝突時，就能坐上第三張椅子。

1. 坐上第一張椅子表達你的意見、感受和想法，假裝你是在對另一人說話。
2. 擺脫當前狀態——起身將它甩開，在房裡走動，想要的話可以大笑幾聲。
3. 坐上第二張椅子，講述另一人的觀點，假裝是在對自己說話。你可能無法確切知道他們的想法

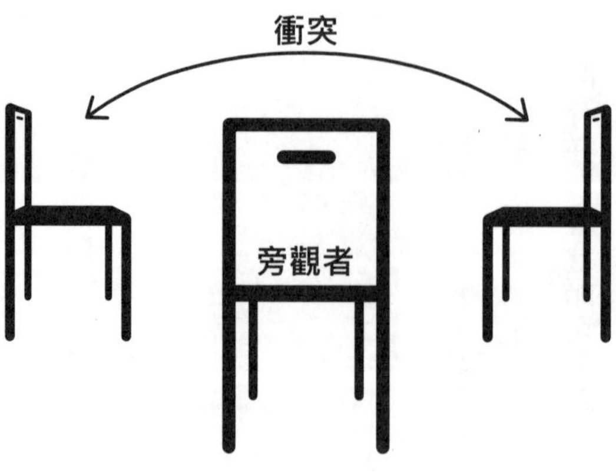

和感受，順應你的直覺，想想你覺得他們可能有的感受。有時候，模仿他們的坐姿會有幫助，因為這是以另一種方式在運用記憶力及想像力。

4. 重複聆聽雙方的言語。

先有了這樣的經驗後，注意你所觀察到的事情及感受。

下一步，坐上中間的椅子並決定好：

- 雙方有哪些正向的目的？為求好結果，他們需要怎麼做？
- 哪些信念可能導致衝突不斷？
- 雙方有哪些生理的感受？注意身體有哪些部位很緊繃，放鬆該部位。
- 看向每個人時（其他椅子），交談並想像對話可能的發展。

抓太緊會致命

儘管在個人心理層面上來看，戰爭和暴力很是複雜，但每當新聞報導恐怖事件時，我都能看到一些共同點。大多數衝突背後的驅動因素，尤其是宗教信仰被視為其中之一時，都源自於堅定的信念和闡釋。我發現犯下暴行的人，無論是倫敦七七爆炸案（7/7 bombings）還是多年來的多起恐怖攻擊，參與其中的人首先是原教旨主義者，然後是穆斯林／基督教／猶太教／新教或其他任何人。與那些佩戴相同宗教「徽章」的人相比，他們彼此之間有更多的共同點。

小故事 Story

倫敦七七爆炸案發生時，我正在馬里波恩路一棟辦公大樓的頂樓工作，距離其中一顆炸彈非常近。我依舊清楚記得隨之而來的困惑和恐慌，彷彿昨天才發生一樣。在事件接下來的幾天和幾週內，當炸彈客的信念被公諸於眾，以及為什麼他們覺得自己必須犯下這樣違反人性的罪孽時，我突然想到這次襲擊的原教旨主義的本質。在埃奇威爾路爆炸的炸彈是由四名伊斯蘭本土恐怖分子之一放置的，並聲稱這是以伊斯蘭教的名義所為——埃奇威爾路是倫敦穆斯林／伊斯蘭人口最稠密的地區之一：在我看來，爆炸事件不可能與宗教信仰有關，而是關乎最極端的原教旨主義行為。

我的一位有巴基斯坦血統、在英國出生的朋友幾個月後就感受到了連鎖反應。她在倫敦金融城擔任管理職，穿著得體，多年來都是搭地鐵上下班。襲擊發生後，她發現每當她踏上地鐵車廂，人們都會避之唯恐不及。質疑和緊張的目光對她產生了很大的影響，導致她患上恐慌症，並感到生活完全失控。基於生存本能而對他人做出的假設與概括比七七爆炸案造成了更多傷害！

這些都是過度堅持信念導致的影響的極端案例。每天你都會無意識地抱持某些觀點並作出假設，你可能有意識到這些對自己和他人的影響，也可能沒有發現。若有意識到這一點，你就能選擇鬆手。花時間反思或者開始關注你的一天是如何度過的。你做決定的根據為何？你有多堅持自己所相信的真理？

保持靈活是關鍵

身處二十一世紀，唯一的不變就是萬物不斷改變。無論是公司結構、主要城市的天際線或是健康的生活方式，一切都在改變。今日的美好生活，可能更多是因為我們比以往任何時候都更能靈活地適應環境。與變化共存，而非掌管變化，學習這點似乎能帶來更多益處。差異雖然細微，但卻相當強大。

「存活下來的不是最強大的物種，也不是最聰明的物種，而是面對變化反應最為敏捷的物種。」

——查爾斯．達爾文（Charles Darwin）

在自然界中，我們隨處可見反應靈活的例子。在狂風中，柳樹戰勝了雄偉的橡樹；溪流湍急時水流會分岔，繞過岩石流淌，而不是被障礙物所阻擋。在這萬物變化的時代，順應改變能夠賦予你力量。對於那些喜歡好好計劃所帶來的組織感和控制感的人來說，這樣流動性的概念可能是種挑戰……同時也可能是一個可以加進工具包，以增強自己的適應力的挑戰。切記了，這不是二元論，不是流水或固體，兩者可以共生。大地之母創造了健康的樹木，底下的樹根向四面八方延伸，賦予樹木穩定性並使其能夠自大範圍吸收養分。如果其中一根樹根暫時變得脆弱、斷裂或乾枯，其他樹根就會足夠堅固，讓樹木繼續挺拔地活著。當街道上維多利亞時代的水管被換掉時，我看到了樹木的活動，當我看向洞裡時，看到一棵英桐樹的根部被切斷了，然而這棵樹仍然健康，彷彿人行道下的樹根毫髮無傷。

在你自己的生活中，想像故事中的樹根系統代表了你生活中的重要領域。欲真正保持健康，就必須像樹一樣從各部位汲取養分。按時有意識地思考你生活中的重要領域，可以助你將精力集中在那些你可能失去的部分，或者你可以選擇斷開它們。

這裡的目標是要讓你在任何領域狀態降到谷底前，意識到並做出選擇。選擇權取決於你，任何改變的時機都能帶來巨大的影響。

Exercise

生活平衡之輪

生活很複雜，時間易飛逝，許多不同的角色和重要領域很容易失去平衡。此練習旨在讓你有機會了解自己當前的情況，以便能夠有意識地為明天做出選擇。

1. 將你生活中的重要領域個別放在輪幅上。上圖是範例；若不適用，你可以改變內容。
2. 在刻度標示1（最低分）到10（最高分）來評估每個領域的滿意度。記得，是滿意度，不是成就感。你可能取得了巨大的成就但並不滿足，同樣地，你也可能獲得少少的成就但感覺心滿意足。
3. 用線條將刻度上的評分連起來，提供自己針對當前平衡狀態的「計畫」。
4. 看看你的平衡之輪。它會為你帶來平順抑或坎坷的人生？需要注意的不僅僅是形狀，還有輪子的大小。小輪子很容易陷入路上的車轍裡！
5. 思考下一步。哪一個領域特別重要，你願意投入精力做出改變嗎？你真正花

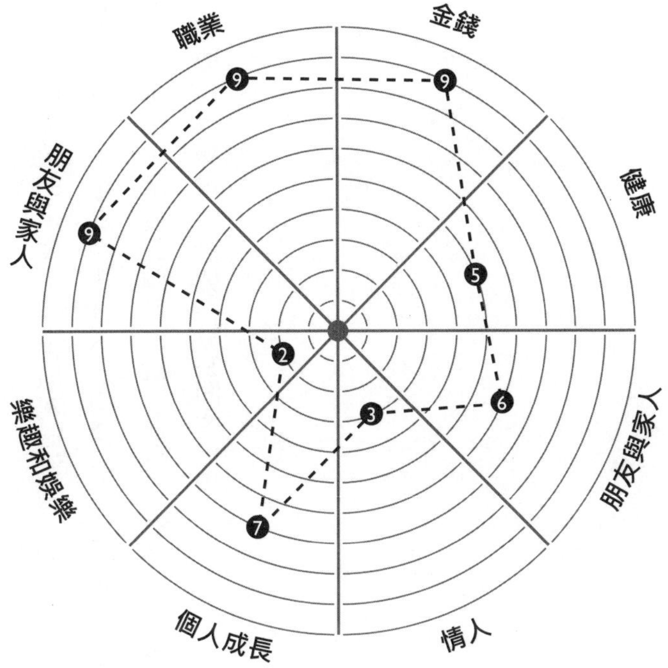
職業
金錢
健康
朋友與家人
情人
個人成長
樂趣和娛樂
朋友與家人
9
9
5
6
3
7
2
9

費時間和真正重要的事情之間，有什麼改變能縮小其中的差距？

生活中沒有所謂完美的平衡——生活太過流動、太動態了。了解目前的輪子形狀使你能夠做出選擇並決定是否要替不足的領域設定一些目標。若你真的決定要採取一些行動來恢復平衡，請於三個月後再次練習，看看自己表現如何。你甚至可能想和他人一起完成這項練習，以便制訂共同的目標。

第四章
凡事皆有可能

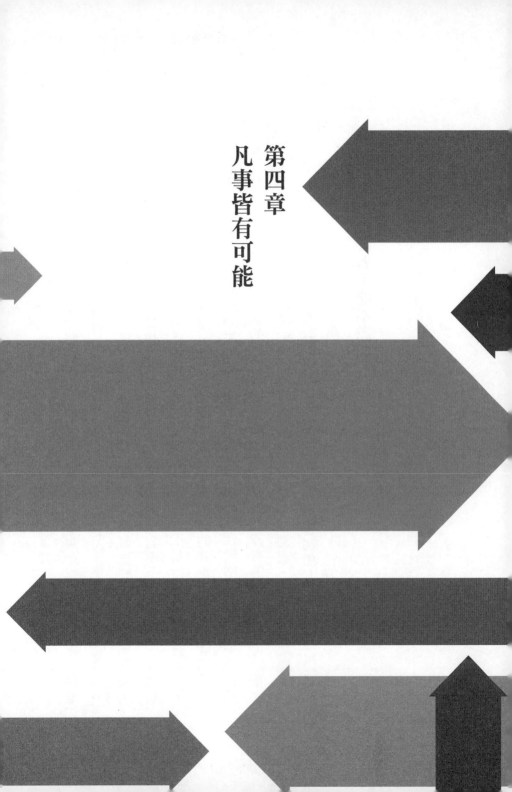

任何一段旅程都需要一個起點和一個目的地。無論是叫計程車前往餐廳，或是生活中更為哲學方面的旅程，你都要能夠描述今日所處的位置及欲前進的方向。你可能會遇到路障或改道，或者單純在途中耗盡燃料。訣竅在於，要知道無論發生什麼事，一切皆有可……包括可能需要接受自己的起點。對部分的人來說，你的起點可能和我一樣，是在一間社會住宅裡，在裡頭有野心並不是一件值得慶祝的事，或者你可能和我的一位好朋友瑞貝卡一樣，來自享有特權的背景，但希望能憑藉自己的成功而聞名，而非透過家人的榮耀……或者你的起點介於兩者之間。不論在哪裡，有一件事是肯定的，你的起點就是你的起點！所以你擁有選擇——你可以接受它、預約好計程車後出發，或者你可以假裝自己的起點在別處，生活在否認與沮喪之中，計程車找不到你，無法帶你前往全新的目的地。想要哪種方法，你自己決定。

你內在的批評者可能不認同

「凡事皆有可能……」

看到這句話，你可能會發現腦中的聲音，也就是內在的批評者，開始說些以下的話，「不，才不是那樣！」或者是「開始了，你這熱愛環保的樂觀主義鬼」。現在你可能正在對自己說，「她在說什麼啊，內在批評者？我才沒有那種東西，我的大腦裡沒有聲音！」這個嘛，若你這麼想，那麼這裡所說的內在聲音，就是你聲稱腦袋裡沒有的聲音——我指的就是它。

和內在批評者做朋友吧——會有結果的

把內在批評者想成一個人，有助於思考該如何應付他。若有人站在你面前告訴你不能做某件事，或者說你是個蠢蛋，我相信你會聽進去並作出相應的反應。你的反應可能取決於這個人的言語和行為背後的意圖，但你會做出反應，他們也會做出反應。舉例來說，若你選擇要吵架，他們也會反擊，若你決定要詢問以了解的為方的觀點，他們可能會和你交流，或者你可能會忽視他們，那麼他們會說得更大聲，直到你聽進去為止。

採取類似的方法，就能有效應對你的內在聲音，也就是說，首先要了解內在話語背後的意圖。

生而為人，求生存是與生俱來的本領，所以可以安全地假設，你所做或所想的任何事情都是為自己好。這可能是正面的意圖。但這不代表你對自己說話的行為或方式是以有效、友善或積極的方式表現出來，甚至也不代表這種方法會起作用。說以下這句話時，你可能聽起來很粗魯，「別試了，你太笨了做不到的」，或者是「他們不會喜歡你的，你太胖／老／矮……」知道話語的背後蘊含好意，意味著開始注意內在聲音是為了要了解其之所以如此挑剔，是為了要成就某件事。忽略它、叫它閉嘴或與它爭論這些選擇都需要耗費大量精力，而且通常不會助你進步。要是忽略它，可能會發現聲音變得更大，若是要它閉嘴，最後可能演變成心理的爭執，而若你一味地和自己爭論，最終並不會有贏家，只是浪費力氣罷了。

小故事 Story

我和世界知名飲料公司的品牌經理湯姆合作，他的內在批評者非常嘮叨。我們談論了有關長遠職涯目標和期許，而湯姆似乎深陷於自己的思緒中。他這樣很不尋常，因為以往他都富有創意又有幹勁，被視為公司未來的領導者——他有能力勝任。交談時。我發現每當要他思考兩年後的未來時，他好像就會獨自沉思，這令我好奇不已。因此，我要他停止，留意自己對自己說了些什麼。正如我懷疑的那樣，他內心的批評者告訴他，長期規劃是沒有意義的，因為無論如何他的職業生涯都掌握在老闆手中。接著他開始了一場內心的智力鬥爭，其中一方相信自己能掌握自己的成功，另一方則持反對意見。那一刻我要他花一秒鐘，僅僅一次呼吸的時間，暫時抽離內在的對話，問自己一個不同的問題。「內在批評者告訴我，我的老闆握有所有權力，這麼說的目的為何？預期的結果是什麼？」短暫思索一下後，湯姆告訴我內在批評者的目的是要保護他免於失敗。若他相信老闆主掌大權，那他就不會受挫。受到保護是件好事，但也產生了負面影響。這導致湯姆無法清楚地看見自己的職涯發展方向，更別說申請工作來實現目標了。因此，藉由尋找其他方法來減輕對失敗的恐懼，我們能夠向前並採取行動。如果我們沒有和批評者做朋友，不了解其試圖實現的目的，就沒辦法做到這一點。

Exercise

和內在批評者說說話

第一週：接下來幾天請打開耳朵，聽聽內在的聲音。不要評判，允許那聲音隨心所欲地說，記錄下來就好。

第二週：聆聽內在的聲音一週後，開啟自己的好奇心。問問他（假裝他是個人）話語背後的意圖。然後簡單謝謝他。

第三週：注意你的內在聲音說話的方式和內容有何改變。若有相同的話語，那麼是時候想一些有創意的點子了，看自己能以什麼更有效的方式找出聲音的意圖。

第四週：留意內在聲音說什麼。若你願意，請向他表達感謝。為你的內在聲音創造新的內容，某種程度上你會獲得力量並提振心神。

大聲嚷嚷的內在聲音能激勵你——批評者vs.啦啦隊長

你的動機獨一無二，但還是有一些和他人相似的開關，觸動你進行某事。例如，關於健身這件事，最終的結果和一路上享受到的樂趣激勵了我，而我的朋友艾莉森則深受「訓練營」的健身方式吸引，當有人像軍士長那樣對她吼叫時，她就會加倍努力。如果她採取我這種想像結果的策略，就絕對不會開始，而要是我用了她的方法，最後我一定會哭喊著吼回去。管理自己和他人時，了解自己是自然而然「趨向」目標的人，還是更樂意「遠離」不想要的東西的人，這一點很重要。這是一種思考模式，會無意識地影響你所做的決定和選擇。

小故事 Story

和亞拉娜的合作提供了一個典型的例子，說明過度「趨向」會導致阻礙。亞拉娜是一位建設公司人力資源專業人士，負責從軍事到商業的各種合約。她面對的挑戰是鮑伯，是一位主要處理軍事合約的公司集團總經理。鮑伯的業務中有個問題，即兩位重要的高階經理人運作方式分歧，結果是，實現了自己的目標後，他們對彼此的領域造成了有害影響。鮑伯正努力於該領域發揮影響力，為此亞拉娜來找我，討論她該如何盡全力協助，讓他更有效率地領導和管理他的員工。我們回首查看迄今為止用過的方法和細節時，我發現關於動機，亞拉娜和鮑伯都有明顯的「趨向」傾向。為了讓其中一人參與或有動力行動，必須採用威逼利誘、軟硬兼施的辦法。描述事成後的獎賞和正面結果能促使他們著手行動，因此他們一直運用這種風格，作為激勵高階主管的方法。他們明確表示需要改變，但卻一直使用結果論和以解決方法為基礎的語言嘗試讓高階主管參與其中……幾乎沒效！這兩位經理似乎都傾向於描述最壞情況，所以都成為優秀的風險管理者（考量他們所從事的軍事合約工作，這是個非常有用的特質）。這告訴我們，鮑伯和亞拉娜需要轉而討論由於管理團隊產生分歧而面臨的問題，說明如果繼續在這種情況下營運，對他們和整個組織會產生何種負面影響。關鍵是要提供雙方經理一些想要「遠離」的結果，讓他們了解最壞情況。

在生活的不同領域，你可能有傾向的激勵策略。想像在高爾夫球場上度過陽光明媚的日子，或是和孫子們一起玩耍，可能會激勵你繳納退休金並繼續努力工作，而你可能會發現，若是牽涉到健康和健身時，就會遇到相反的情況。你可能更像艾莉森，採用她的訓練營方式以及在腦中想像自己肥胖、邋遢、懶惰的樣子。兩者方式不同，但都很有效──只要這些方法符合你在該領域的喜好即可。或者，老年貧窮的想法可能是你存取退休金的動力，但身體健康和把牛仔褲穿得很好看才是你的健身策略。

察覺你和其他人的驅動力為何，可以助你成為一個真正適應力強、有效率的領導者。無論你是領導公司、家庭還是你自己，能夠在正確的時間點按下「趨向」或「遠離」的動力按鈕，就能使你更接近目標。

Exercise

你的動力風格

了解自己是否被生活中某件事吸引以及是否想獲得更多，或者你是否被迫放棄某件事，這會影響你每天在生活中該領域的言行舉止。

1. 針對生活的每個領域問問自己以下問題，比方說，職業：「在……的情況下，你還記得完全被激勵到的時候嗎？還記得具體的時間嗎？」
2. 將自己帶回那個時候，重新體驗它。這一次，在你感到被激勵之前，要先記得最後的感受為何？替這種感覺取個名字，例如：激動。
3. 對你來說，（激動）有什麼重要性？

回答這些問題時，注意你的答案是更接近、擁有更多某件事物，還是離某件事越來越遠。

了解自己的動機後，就可以開始主動利用它們讓自己展開行動，或者更快釐清自己的選擇。舉例來說，如果排名前五的激勵因子是結果、滿意度、樂趣、成就感和金錢，那麼你應該會想使用這些作為激勵因素來設定目標。想要向自己推銷某些東西，需要有這樣的話語：「嗯，莎拉，因為我非常在乎妳的結果和滿意度，所以想告訴妳有個即將上市的全新培訓計劃。它用一種非常有趣的互動方式進行教學，幫助妳在生活和工作中獲得更多成就感，同時也提升妳賺錢的能力。聽起來很有趣吧？」

有時候那不是你自己的聲音

討論過這些內在聲音後，你可能會好奇它們究竟是如何形成的。嬰兒有內在聲音嗎？這是個有趣的問題，多位兒童專家會提供不同的解答。我很喜歡小嬰兒從嬰兒床上抬頭看著我們，並自言自語地談論我們滑稽的面孔和聲音這個想法……即使他們目前並沒有語言技能。雖然專家們觀點不一致，但我能根據個人經驗肯定地和你分享，作為一個成年人，有些內在聲音並不屬於自己。在你生命中的某個時刻，其他人可能對你說了一些話，通常是無意的，但這些話深深地烙印在你的腦海中。你可能已經替他們的話語建構了意義，且一遍又一遍地重複這些話。

小故事 Story

我的這種經驗導致我從事了不適合自己的職業，無法發揮優勢也無法帶來快樂。對我而言，這個聲音是這樣的：「找一份適當的工作。」現在我知道了，這聲音不是我的，而是我父親的……而據我所知，他從未真正對我說過這樣的話！（所以老爸，讀到這裡的時候，感謝這故事所說的不是你，我保證，是我自己。）在我成長的過程中，父親是一名電信工程師，也是一位優秀的數學家。再加上我小時候傾向於做一個假男孩而非女孩子，所以在我的成長時期，我非常渴望做一些與爸爸有關的事情。因此，當我選擇 GCSE 要學習哪些科目時，我採取了非常理性的做法，選擇了科學和數學，這樣我就能找到一份合適的工作，再加上法文，因為將來商業似乎會由歐盟主導，法文可作為備用的文書技能，所以如果一切都失敗了，我還可以當個秘書。現在我四十一歲了，回想起十三歲時的決定簡直哭笑不得。這樣理性的方法很是迷人，但我很震驚所有決定竟都缺乏了情感方面的連結。不過我很喜歡目前的結果，所以也能有顆寬容的心。

作為孩子和成年人，你有渴望被愛的內在需求。由於這個基本的人類需求，你從很小的時候，就是根據什麼最有可能從生活中重要的人那裡得到愛來作出決定。作為一個成年人，如果你花時間退後一步審視自己的抉擇，想想是誰的聲音在推動決策，這麼一來就能改變自己的生活。

地點、地點、地點——房地產關乎地點，但生活不一樣

若你相信自己來自哪裡、自己身處何處能決定你的未來，那麼這可能是事實……儘管你根本不需要這樣想。堅守這種信念會嚴重危及你擁有的可能性。雖然和跳蚤相比，我們擁有強大的腦力，但一講到畫地自限，我們似乎跟跳蚤有類似的行為模式。我曾經看過自然歷史博物館（Natural History Museum）進行的一項實

驗，利用跳蚤和有蓋的盒子來展示演化週期的某些階段。一隻跳蚤可以跳非常遠。比牠們的身體長兩百倍的距離！想像若是換作人類，那距離有多長。如果你把跳蚤關在桶子裡並蓋上蓋子，牠可能會試圖跳出來。但等牠撞到蓋子幾次之後，你就能安心地打開蓋子了，因為跳蚤再也不會跳得比之前害牠撞到頭的桶子更高。身為人類，我們不太可能真的被關在盒子裡並撞到頭，但用隱喻的方式來看，我們一直在限制自己的思維和信仰。它可能保護我們免於想像中的失敗或嘲弄，但也意味著我們只能待在出生或居住的盒子裡：除非我們有意識地選擇跳出來——我們可以隨時跳出。你的大腦比跳蚤的大多了，所以你有選擇！

小故事 Story

幾年前，我受委託擔任倫敦一家大型保險公司新進行銷總監的職涯教練。行銷總監安德魯的整段職業生涯都在保險公司工作，是董事會中最年輕的董事之一。執行長約翰完全支持安德魯，相信他有能力在未來七、八年內成為執行長的繼任者，但卻有些行為特徵令他抱持懷疑。在董事會會議中，安德魯傾向於保持安靜，而當他發言時，總會帶著一種歉意的口吻。當他介紹資訊、計畫或行銷成功的經驗時，人們認為他過於專注細節，缺乏策略性的遠見。因此，我們針對這兩個領域開始了教練與學員的關係。當我們透過對話和觀察來探索這兩個層面時，很明顯安德魯並不缺乏策略思考的能力，而是缺乏信心和信念。他的腦海裡有個故事：身為一個出生於社會住宅的孩子，他能夠為長輩提升價值的唯一方法就是透過技術知識。這導致他在說話及發表簡報時，引用了太多數據。他沒有考慮到聽眾以及他們需要的內容，而是專注於自己的不安全感，進而導致了無益的行為。我們的合作經歷讓他多了一些信念，當他開始理解這些信念的來源時，彷彿正在更新年少時期的自己，告訴自己「做得很好」，自己並不是七〇、八〇年代的孩子，二〇一二年坐在桌子旁的安德魯真正屬於那裡。當我觀察他身上所發生的變化時，真正有趣的是生理上的轉變。看著他走進房間，你發現自己真正注意到他了。彷彿他長高了一樣。約翰仍然深信安德魯的潛力，輔導訓練帶來改變後的六個月內，他被提拔為國際領導者，能夠將他的技術知識和從容的戰略願景帶到觀眾面前……並且好好享受這一切。

TIPS

你上次更新自己是什麼時候？和年輕的自己聊聊，讓他／她知道你在做什麼。讓他／她知道你已成功度過青少年時期，現在是孩子的父母，也有自己的職業了。不論如何，讓他／她知道一切，並留意一切事物帶來的從容自在。

同儕很重要

二十世紀五〇年代以來的研究，包括阿希從眾實驗（Asch conformity experiments），向我們展示了團隊的力量。那些與我們共度時光的人對我們的行為和選擇帶來了巨大的影響。在阿希從眾實驗中，一群人受邀進入一個測試環境。其中只有一個「真實」的人，其他都是演員，這位真實的人並不知道他人的身分。在實驗過程中，他們展示了一張畫有四條線的卡片，如下所示：

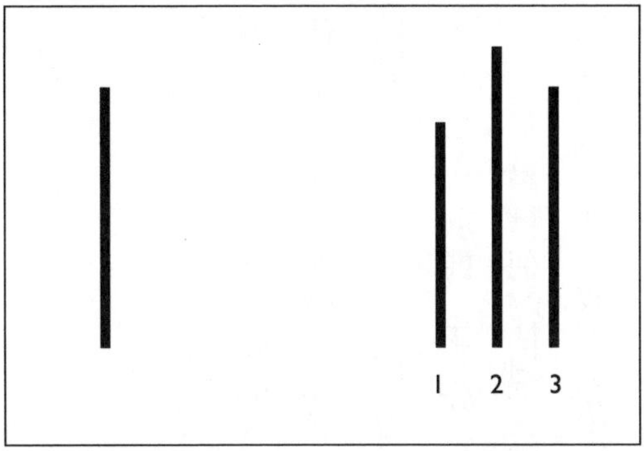

標準線　比較線

演員們被要求選擇第一條線，而非明顯和標準線一樣長的那條。在第一輪中，「真正的」受試者指出了正確長度的線，但很快就默然同意了其他團員錯誤的答案。這很值得上YouTube看一下，不僅能看到當年絕佳的時尚感，也能看到「真實」受試者在選擇哪一條線時臉上困惑的表情。

同儕的影響力遍佈各行各業，從頂尖的海軍陸戰隊員，到X音素和其他選秀節目，「好人、壞人、醜陋的人」都在努力追尋夢想。在選秀節目中，那些真正才華橫溢的人之中存在一個雖小但很重要的群體，他們有很高的可看性，但卻是在擔憂地譴責當今社會和育兒方式。他們經常被家人和朋友包圍，多年來一直被那些人告知自己有何等的天籟美聲……當你觀看時，甚至他們還沒進入試鏡間的時候，你就能知道最好的情況下，他們即將像貓一樣尖叫，而最糟的情況是像交配中的雌狐一樣鬼叫！這樣的情景之下，同儕的影響力可能會帶來信心，但如果這份信心和能力畫不上等號，那麼從長遠來看，最終將會招來有缺陷且具破壞性的影響。

能力水平和同儕影響的相反例子是海軍人員。住在埃克斯茅斯軍營的時候，我看到了這些令人讚嘆的人以及他們在工作和娛樂中的影響力。有個週末我搭火車前往埃克塞特，在與一位前海軍陸戰隊員的談話中，我了解到他們之中很多人退休後的計畫。他們原先是一群充滿幹勁、運動能力強、對彼此抱有很高期望的同儕，後來在家庭中展開了平凡的生活，他們周圍的人也都接受了日常生活的平庸無奇。若是最糟糕的情況，這可能會導致憂鬱症，因為許多前海軍陸戰隊員在退伍後的最初幾年裡，收入都遠低於平均生活消費。

親近他人能帶來善與惡的力量。

Exercise

同儕審核

是時候審視一下你生活中的人了。他們是透過選擇、習慣還是因為方便而進入你的生活？他們有反映出你想要的人生嗎？他們是否有支持你，還是索取多於給予？這些問題很難回答，有時因為對方是家人，你可能會選擇讓他留在生活中，否則斷絕關係就會越過道德底線。只要你是有意識這麼做，那就沒有關係。

1. 列出目前和你相處的人的清單。
2. 想一下他們是何時進入你的生活：
   a. 當時你在做什麼？
   b. 你當時是什麼樣的人？
   c. 是什麼讓你們保持聯繫？
3. 想想你今日的人際關係：

a.他們有為你的生活帶來正面的影響嗎？
b.他們是否某種程度上令你敬佩，還是反映了你想要的生活？
c.若他們離開了你的生活圈，會有什麼影響？那麼有什麼是可能的／不可能的？

4. 繪製出目前的同儕地圖後，請在你認為可能存在差距的地方補上：你希望有更多什麼樣的同伴？例如：有創意的人、有動力的人、父母……
5. 決定你的同伴群體應該是什麼模樣，以及希望十二個月後成為什麼樣的人。
6. 行動——做點能帶來改變的事……

信念推動現實——你相信什麼，就能創造什麼

現實真是個有趣的詞。它是一種觀念嗎？現實真是現實嗎？它很重要嗎？它是什麼意思？對你而言代表什麼？我們的信念本質上與我們的價值觀相關，這些價值觀是我們生活中最重要的事情。所以你可能會覺得它們無法改變，那何必要擔心

呢——但如果你選擇要改變它，就有辦法做到。事情的重要性會有所改變，或者我們對事物的理解也會隨著時間和經驗而產生變化。即使是對於那些喜歡保持不變的人來說，生活本質上也不是靜態的。如果頭髮不會變白，那我就能省一大筆錢；如果在四十歲時能像三十歲一樣輕鬆維持住衣服的尺寸，那將替我省下大量精力！

「若不改變信念，你的人生將會一成不變。聽起來是件好事嗎？」

——威廉．索美塞特．毛姆（W. Somerset Maugham）

改變思維，改變現實

當事情不順利時，將注意力放在外在環境似乎已成為全球流行文化。跌倒在一塊鬆動的路磚上，很多人首先想到的似乎不是「我得好好看路才行」，而是想著「政府應該要解決這個問題」。沒有順利升職，有些人覺得是面試官或組織內的偏見的關係，而不是問問自己應該採取哪些不同的做法，或者單純接受自己不適合這個職位。也許關注外在環境的想法是正確的，但想著它們，並相信它們就是事實可能會令人氣餒又絕望。有創意地思考問題可以讓你專注於想要的事物，從而擁有更多的選擇和成功。你專注於什麼，就會被什麼吸引，所以如果你繼續關注某個問題，就有可能遇到更多相同的問題，也肯定無法擺脫當前的狀況。你甚至有可能會想用以前有效的方法力求改變，但發現這次卻沒有任何效果。遇到這種情況時，你會更賣力繼續做同樣的事情，還是會改變你的方法？我的建議是改變方法，如此更有可能取得成果，尤其是在你還記得「瘋狂」的古老定義的情況下——做同樣的事情，卻期待不同的結果！

「我們不能以製造問題時的思維來解決問題。」

——亞伯特．愛因斯坦（Albert Einstein）

將解決方法視為目的的思維不僅適合個人，也能在組織中達到驚人的結果。

小故事 Story

我和一間全球製造公司合作時，聽說他們在義大利的製造工廠遇到了一些問題。這個問題和歐洲健康與安全執行的相等機構以及人力資源紀律流程有關，因此我介紹他們認識一位在該領域有豐富經驗的同事（艾黛爾）。艾黛爾研究完問題後發現，雖然面臨的問題是工廠收到了因安全違規而可能關閉的通知，但問題的根源卻是要督促工廠人員佩戴安全護目鏡。人力資源團隊和管理層嘗試用傳統方法來改變員工的行為，例如書面警告和更非正式的要求，但都沒有效果。艾黛爾和我集思廣益，討論要用以解決問題為導向的方法，因為它能帶來更有創意的思維方式，並讓問題迎刃而解。

Exercise

解決問題為導向的方法

針對你目前在工作或家庭中想要改變的問題，按照以下步驟進行練習。它不必是大問題，可以是一件日常小事，但一定要是對於你來說很重要的事。注意這問題導致的感覺有何不同，以及這對你的靈活度造成何種影響。

第一步：定義問題

在艾黛爾的義大利案例中，問題在於員工沒有佩戴安全措施，工廠可能需要關閉。

第二步：定義自己想要什麼。如果你明天早上醒來問題就消失了，對你來說，事情改變的第一個跡象是什麼？

在義大利的案例中，工廠不再強調安全須知，員工們都高高興興地佩戴安全設備，包括護目鏡。

第三步：世界上還有哪些地方存在上一步驟描述的情況？

在義大利的例子中，男性（工廠人員百分之九十九是男性）高興地在陽光底下佩戴護目鏡——太陽眼鏡！

第四步：將這個思維套用至你的處境。

在義大利，管理人員投資了 Prada 的設計師，為工廠團隊打造了全新設計的護目鏡。仍然注重安全，但看起來很不錯，且還是設計師品牌……任務解決！

你不會錯的——身為一個人，它就存在於你的基因中

作為這個星球上的人類，我們所有人身上都有某些特殊的東西，這些東西可能以不同的方式表現出來，但其根源都是源於相同的驅動力。這個東西便是生存的本能，避免犯錯的動力。我指的並不是「不管怎樣我都是對的」，而是需要被認可的感覺。對於部分的人來說，我們可能會藉由爭論自身的觀點來達成這一目標，但對於其他人來說，這可能是一種安靜的意會感，而不是參與的感覺。在公司內，你可以注意他人使用的語言以及自己被允許或鼓勵發揮創意的程度，來看出他人針對某個主題的精明程度。任職於公司時，我會豎起耳朵傾聽辦公室和周圍的一般對話，

如此便能感受到開放性的文化。如果我聽到很多「是的，但是⋯⋯」，那麼通常可以安全地假設文化中存在一定的戒備心理，如果我聽到「是的，而且⋯⋯」，那麼事情通常都進展地很快速，因為環境的本質是傾聽然後提出建議而非證明自身觀點。「是的，但是⋯⋯」會引發「是的，但是⋯⋯」的反擊，並將你帶到一條相當狹窄的對話巷弄，這只能代表其中一人是對的，另一人不得不做出某種妥協。你的日常生活中也會聽到這樣的對話。最近我聽到朋友在討論今年的假期計劃。聽起來差不多是這樣：

馬克：「今年我想再去健行，可能是去墨西哥。」

菲歐娜：「對，但我們已經健行過了，這次不做點別的事嗎？」

馬克：「是沒錯，但我喜歡運動以及徒步探索的冒險方式。我們將能看到真正的國家，而不是觀光景點。」

菲歐娜：「對，但墨西哥不是很安全，而且我最近很賣力工作，只想休息一下。」

馬克：「說得對，但沙灘旅行太無聊了。妳知道我不喜歡呆坐在原地。」

馬克和菲歐娜就這樣持續了很長一段時間，似乎毫無進展。他們還沒預定行程，因為尚未達成共識。

如果他們採用「對，而且……」的方式，情況也許會有所不同：

馬克：「今年我想再去健行，可能是去墨西哥。」

菲歐娜：「嗯，我知道你有多熱愛健行，雖說我最近工作有點辛苦，希望今年能休息一下。」

馬克：「好啊，休息聽起來很棒，雖然我覺得沙灘旅行很無聊，可能會把妳逼瘋。」

菲歐娜：「是沒錯，搞不好我們可以找到可進行娛樂活動的度假村？」

馬克：「對，而且若能找到沒那麼主流的就太好了，因為妳知道我有多討厭純然的觀光行程。」

菲歐娜：「沒錯，我同意你說的，那就來找些手冊並上網查查吧。」

試試看這個方法一段時間，看看對你自身的對話有何影響。

我一直注意到一點，當你嘗試兩種不同的方法時，「是的，而且……」能開啟新的選項，「是的，但是……」卻侷限了你。對多數人來說，被限制的感覺通常會造成防衛性行為，導致我們感覺自己被忽視，因而更大聲發言。防衛性行為連同聚焦視覺，會讓我們的身體向內封閉，若你嘗試這樣的行為，那麼它並不能帶來創意思考，也無法開闢新的可能性或找出解決方案。

被批判的感覺可能會影響到你。我發現對於與我合作的客戶來說，這是一個常見的觸發因素，影響到了工作及個人生活。我永遠都會感激自己為了應對批判所做的努力，因為生活中任何有小孩的人都會知道，當你外出且發脾氣時，來自他人的批判蘊含多強大的力量。

說到批判，我發現有個詞彙在大部分人身上產生立即但微妙的影響……這個詞就是「為什麼」。如果有人問你，「你住在哪？」緊接著又問，「是什麼讓你選擇住那裡？」或是「你喜歡那區域的哪一點？」，你可能會以相當開放和輕鬆的態度回答，因為感覺他們很感興趣且很好奇。如果同一個人是這樣問，「你住哪？」然後又問，「你為何選擇住那裡？」或者「為什麼是那裡？」，就會有「我正在評判你的選擇」的感覺，對於某些人來說，這會讓你對你的選擇或你居住的地方產生防衛性心理。「為什麼？」是個強而有力的問題，在談判中時會非常有用，雖然你可能想要考慮在什麼時間對什麼人使用，但請將其收在你的工具箱裡。它並不能幫助你達成目標！

> **TIPS**
> 下次問問題時，試著將「爲什麼」換成具體的「什麼／誰／如何／哪裡」，並留意自己得到的不同類型的答案。

所以說，接觸了一些可能影響我們的反應和信念的言語之後，接著來看看我們自己的觀點。很有可能你相信自己的觀點和陳述是正確的。這些想法不只存在於你的思緒，也涵蓋在肌肉的層面，這是因為當你首次針對某件事形成看法時，同時會產生心理和生理反應。你的大腦和身體會回應並記住。你會以身體捍衛自身的觀點，因為一切都是無意識的情況下發生的。接著你的大腦也會加入，開始合理化你的想法、找理由並反駁其他觀點，找回平衡和「正確」感。這完全是個健康的反應，你可以藉由測試新的、矛盾的想法來促成或練習這種反應。大多數情況下你都能應對一些不適，如果出現更好或新的資訊並出現不同的觀點，你就能夠改變想法。如果提供新資訊的人／來源在在都令人恐懼，或者如果你感到脆弱或涉及很多風險，那麼對你來說，新的資訊有可能是錯的。了解這一點在幫助他人做出健康的選擇時非常有幫助，因為你可以為他們創造一個安全的環境來探索他們的想法。當然了，這也能讓你發現自己有多果斷。若你糾結於某個抉擇，可能是因為你太緊守自己的觀點了，或者因為你感到有些不安全，因此進入了防衛模式。了解這點，代表你有辦法做出改變。你需要確保你和自身的關係是健康的，才能夠嘗試並有所成長。無論是在職場還是生活中，那些能夠在不斷變化的世界中挑戰並成長的人，都能保持活力並且管理自身需求，如此便能有所貢獻。

Exercise

觀點

有意見並不是壞事。這是生活中無可必免、且能讓情況更有趣的事——只要你明白那些都只是意見，而非事實。

花點時間想想以下的句子。首先注意你的本能反應，接著思考如何從所有不同的可能的立場，挑戰並爭論這些話。

關於以下信念，你的立場爲何？

- 每個行為都有正向的動機
- 沒有所謂錯誤的決定
- 每個人都有快樂的權利
- 每個人的世界觀都同樣真實、同樣合理
- 個人都有創造成功所需的一切

- 我們都是同一系統中的一份子
- 沒有人會從錯誤中汲取教訓
- 衡量溝通的辦法，取決於得到的回應

讀到這些話語時，你的意見為何？對於同意以及反對的陳述，你有不同的反應嗎？你已經開始思考可能存在的其他觀點了嗎？

針對那些讓你有負面反應的話語，想想背後可能的原因，以及如何才會讓某人一開始就持有該觀點。

能夠堅持自己的觀點並接受他人的想法，可以帶來更有效率的領導風格或生活方式。

感覺不知所措是內在動力的指標

大多數人都認為內在驅動力是理所當然的，或者沒有真正思考過這件事。這份動力叫我們起床、叫我們工作、促使生活中發生的事。沒有動力會讓你陷入困境，讓你深陷於原地。當你感到不知所措時，通常是代表你過度使用自身的動力。就跟優勢一樣，如果利用過度，就會成為我們的弱點。舉例來說，專注是種優勢，但專注過了頭就會限制住自己，可能會沒看見出現在面前的就會。若人太過友善，可能會變得阿諛奉承或者變成一個出氣筒。

少了內在動力，我們永遠無法做／達成／挑戰任何事

渴望實現目標是個很棒的動力，可以激勵你達到從未想過的高度。那些力求成就的人很享受劃掉清單上已完成的事項。無論是週末還是工作日，你會有個清單。這份清單可能在你的腦海中沒有被寫下來，但它確實存在。這條清單可能比可用的時間長上許多。你可能天生體內就燃著熊熊烈火，或者可能被那些你認為積極進取的人給吸引。不論是哪一種，完成目標的人，動力就是要把事情完成。但若過度使用，這種內在驅動力就會極具壓倒性或者變成自虐行為。要是清單太長，或是一天結束時沒有人注意到你的成就，可能會令你沮喪氣餒。若清單沒有歸零就繼續前

進，你便有可能覺得喘不過氣。

從你工作的角度來思考這一點，每天上班你都覺得需要做更多事情，且所有都必須在當天完成。再加上家庭壓力、學習和成長的渴望、日常保健、不可少的日常任務，如果我們過度集中注意力並同時看到所有任務，事情就會變得非常擁擠不堪。

開發業務或者在市場中推出新產品時，關鍵是要規劃。從資源（例如所需的人員和技能）到品牌，以及溝通元素等一切必要的程序，你都會規劃好，身為職涯教練並經常與個人合作，我很驚訝創業的方法可以反映出所有產品的路線。畢竟，職涯是一系列的工作，而這些工作是用你的時間和技能換取金錢的一場交易……所以你就是在提供一項商品。

小故事 Story

當我輔導一位電信公司的高階行銷經理時，我們用這種方式談論了未來的願望。截至目前為止，克里斯採用了有結構的方法發展他的事業，但卻遇到了阻礙，因為他所採用的結構太過死板。他已經到了想要成家的年紀，而且正值三十歲出頭，他覺得現在是真正推動成功事業的時候了。我們運用「Me Plc」方法來規劃他的下一階段的職業／生活選擇，克里斯之前那不知所措的感覺消失了，因為這個方法提供他未來行動的清晰步驟。

Exercise

將自己當作執行長

在當今的就業市場上，人需要脫穎而出才能獲得成功。有種方法是將自己視為公司的執行長，而你的技能就是你的產品。如果你是ME Plc公司的執行長，可能會採取哪些不同的做法呢？有很多層面需要考慮，因此請想想以下的問題：

- 你希望哪些人加入董事會？（導師、教練、支持者和挑戰者）
- 你有什麼知識，你會如何發揮優勢，或是彌補知識的不足和差距？
- 你確切的產品是什麼？你期望誰購買？你如何找到買家？如何接近他們？競爭對手是誰，他們能為你「做」什麼？
- 你需要／想要賺多少？你面對風險的態度為何？
- 未來幾年，你希望有怎樣的金流，有什麼預測？
- 你想創造什麼樣的生活風格？

春季大掃除就是答案

不知所措的感覺可能源於多種觸發因素，然而結果卻是一致的——暫時麻痺的感覺。當你感覺這份工作太龐大了，所想到的便是「天哪！」。當你有太多事情要做，或是你腦子裡有太多事卻沒有明確的起點時，通常會產生這種感覺。如今，這樣的感覺正變得越來越普遍，也許是因為我們從來沒有過擁有如此多的選擇或資訊。回到二十年前，若要研究一家特定的公司或了解某個市場及主題，就必須前往圖書館或公司註冊處（Companies House）。與之相關的討論是基於先前已學到或記住的事情，換作今天，遇到問題時，我們會查看智慧型手機或平板電腦，上谷歌簡單搜尋一下就能獲得答案。

坐在扶手椅上觀看世界，這樣的改變也讓人們認識更多可能性。所有美好的事情都在於它們提供了更多選擇，然而選擇也伴隨著責任。責任感可能會導致對失敗的恐懼，或者害怕選擇了錯誤的道路。你甚至可能會以為，自己需要完成一切任務。就我個人來說，我永遠不會想回到過去，身為那個世界的女人，妳唯一的選擇就是晚餐的內容，我母親就是在那個時代長大的。那時妳很幸運能夠選擇和誰結婚，而婚後妳的職業就是妻子和母親，無論妳受過多少良好的教育都一樣。我很感激能夠選擇當一名職業女性暨妻子與母親，儘管努力「做這一切」所附帶的壓力確實是很高的代價。對我來說，這就是為什麼我能夠應對二〇一三年以來，生活中那些令人喘不過氣的時刻的關鍵原因之一。如果你覺得應該要學習管理不知所措的感受，那麼請做以下的練習。

Exercise 精神的春天大掃除

和所有技巧一樣，訓練和練習是鍛煉肌肉和嵌入知識的關鍵，請想像以下的場景，感受逐步完成每個步驟時出現的變化。

1. 讓自己待在一個舒服的空間。某個你能開心閉上雙眼、發揮想像力的空間……

2. 閉上眼睛，想像你正走進家裡大門。每年的這個時節，外頭的水仙花都點著它們金黃色的頭，穿透窗戶的光線令你微笑，同時也強調是時候進行春季大掃除了！走進家裡時，溫暖的陽光灑在後背上，你開始在心裡列出所有需要整理的區域。列出它們時，請確保將它們都記在腦海中……

走進廚房。櫥櫃需要整理，需要檢查那些放在櫥櫃深處的罐頭的日期，將它們擺回去之前，需要先清潔櫃子內部。櫥櫃下方要檢查深處的部分，然後是烤箱、冰箱和磁磚……

下一站是你的房間，裡頭有衣櫃和抽屜，要整理和清理很久沒穿以及需要修補的衣服，清出舊襪子扔掉，然後好好清潔一下床底，看看過了整個冬天，底下積了些什麼……

現在來到浴室和裡頭的櫥櫃。清掉所有過期的東西，確認舊的東西都扔了。清潔馬桶圈後面、水槽和水箱後面、磁磚和磁磚縫隙的膠泥、鏡子、櫥櫃上方、整理毛巾……

3. 想像這一切時，當你身在家裡每個需要整理的區域裡，可能會開始感到不知所措（除非你跟我好友喬一樣，整年都住在一個完美的樣品屋中）。每個人感到不知所措的程度是不同的，無論何時開始感到不知所措，都需要停下來喘口氣。

4. 一開始感覺手足無措時，就要分解事情。因此，首先想像一下，你眼前的所有房間並不是全存在同一個空間，而是將廚房（在你的腦海中）推到左側，將浴室推到右側，然後將臥室留在面前。現在你有了整理房間的先後順序了。

a. 讓我們來進一步分解。從廚房開始，向左看你剛才把它推向的地方，現在將它拉向自己，讓其他房間在你想像的畫面中往後退。按照與推動房間相同的方式，分類廚房內每個需要整理的區域。將櫥櫃推到左邊、櫥櫃下的區域推到右邊，烤箱則待在你前方。

b. 再更進一步分解。把剛剛推到左邊的櫥櫃拉到面前，再次把其他區域推遠一點。現在，有了櫥櫃後，要決定整理的順序。首先是食物櫃，然後是陶器。

5. 開始——清空櫥櫃裡所有食物，只清潔這一區塊。要知道，你已經在心裡或是紙上列出剩下要做的事了，那麼便能及時完成。在一段時間之內，一步一步來……

留意一下，將每個區域按照自己的時間線分開的感覺有何不同。每項任務都是單獨且可完成的，一次一項任務。

舒適感就是改變的殺手

只有在某件事變得棘手，或者你受到某種愉悅且有說服力的事物吸引時，你的生活才會有所變化。在必須做出改變之前，待在舒適圈內是人類狀態的一部分。你聽過多少次別人這樣說，「真不敢相信已經過了X年，我竟然還待在公司，我本來計畫只待幾年的！」進行職涯輔導時，這是我經常聽到的話，在經濟不穩定的時期，這現象似乎變得更為普遍。也許是因為人們對舒適和確定性的渴望不斷增長，而與更活躍的就業市場相比，做出改變似乎有更大的風險。

「走出你的舒適圈。只有在嘗試新事物時，願意接受尷尬和不適的人才能成長。」

——布萊恩．翠西（Brian Tracy）

多年來已有許多關於變化和人類行為的研究。所有研究都是基於不同的角度，也都蘊含著你能夠運用的智慧。我發現其中一項有用的智慧就是，我了解並意識到除非是面臨「必須」或「需要」的情況，否則做出改變的可能性很低。我的個人生活中和我擔任教練的經驗都證明這話是真的。只要我一聽到，「我嘗試要……」、「我應該……」或是「我想要……」，那我就知道其中缺少了某個東西，不足以令你做出改變。可能有人跟你說需要改變某些事情，但這並不是你真正想要的。社會壓力或來自老闆的直接指示可能會導致明確的改變欲望。然而，這些還不夠。你為了自己做出的改變需要有個結果，而這個結果的好壞程度足以讓你認為必須做出改變。

小故事 Story

擔任執行教練的七年間，我與數百人一起工作了數千個小時，而這整段時間內，我只有主動退出且終止幾份合約。每一次的原因都很明顯，客戶實際上並不想要執行輔導工作上列出的改變。一次是和丹合作，他是一位全球建設公司的工程總監。他曾擔任該集團位於中東的一家公司的地區經理，並已在該公司工作了近三十年。回到英國後，他被指派為公司董事會成員，但卻發現這樣的過渡期很艱難。他的領導風格屬於專制、大男人主義的，這對他現在管理的優秀專業團隊產生了負面的影響。公司的人力資源總監和執行長都很希望他能成功，且參與了設定目標的過程，同時也就他們的觀察和感受，以及針對需要調整的行為進行了詳細的回饋。丹出席了我們倆的會議，期間也有參與對話，並承諾要回到辦公室採取行動……但似乎沒有任何進展，我因此感到好奇。經過一番研究後，我了解到，雖然渴望改變的利益關係者都是理性地參與其中，但所做的任何改變都不會產生任何結果，無論是積極還是消極的結果皆然。如果丹繼續他目前的工作方式，不會對他造成任何損害，而若他改變了自己的行為，也不會得到任何獎勵。

所以站在丹的立場來看——何必要努力做出改變呢？

舒適圈阻止你去做什麼事？若有機會，你想改變什麼？

第五章
就是現在——展開行動吧

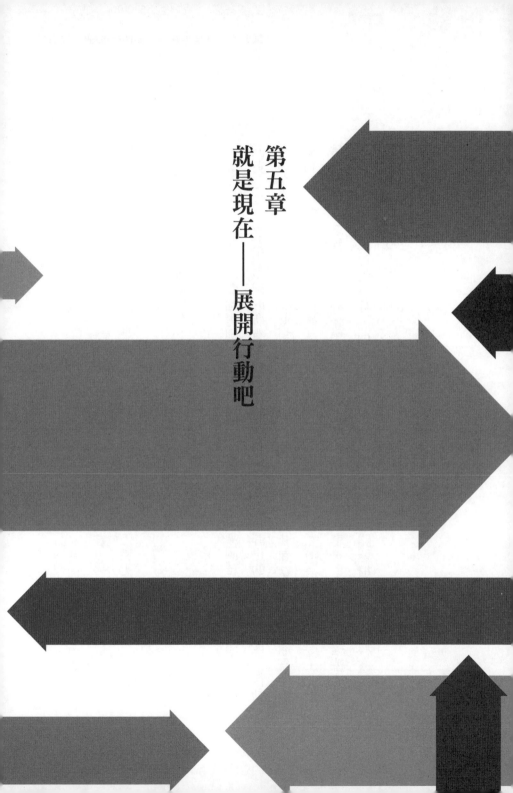

開始吧！做出你的選擇，進行某些行動。任何事都行。若你想要有所改變，即便是細微的差異，就需要付諸行動。有退後的時候、有盤算思考的時候，也有行動的時候。一旦你做出選擇，就向前走展開動作。創造事情，讓事情真的發生。

沒有能量，什麼都沒有

能量是生與死之間的差別。真的，就這麼簡單，在這兩個選項中做選擇！若你回首過往，會發現做出的所有選擇都伴隨著行動。就算是靜止的行動也一樣。行動有很多種形狀、大小、速度和強度。所有的例子都有一個共同點，那就是你需要清晰和堅定的信念來執行它們。採取行動的那一刻，你就會知道自己在做什麼，並相信自己可以做到。開始行動和猶豫不決或有所成長是兩回事——這是關於維持能量和動力，而不是行動本身。你知道如何開始，你每天都會開始很多事，除非你日復一日坐在原地無所事事。

了解自己的風格以及維持的方法

要做出改變，你需要知道一些有關自己能量的事，該如何運用以及如何維持。為幫助你了解，知曉自己的能量風格很有助益。

小故事 Story

當我住在新森林區並在位於錢德勒福特的B&Q總部工作時，我了解到這些傾向之間的差異，正是我無法管理所承受的壓力和能量水平的核心原因。我知道自己需要一些思考的時間和空間，以便能夠退後一步且更具策略性，但需要實現的目標卻不斷驅使我往前行動。我替自己設定了閱讀商業文章的目標，並在日曆上安排時間，讓自己離開辦公桌去「思考」，相信獨處的安靜時間就是答案。日子一天天過去，一開始感覺很好，但到了第三、四週就失敗了。我維持行為改變的能量殆盡了。任何見過我的人都會告訴你，我是個喜歡和人相處的人。在團隊中我充滿活力，和他人在一起時會產生能量，而不是獨自一人的時候。了解這點後，我開始思考創造動力的方法。也許我需要的是發揮強項來製造動力。所以我嘗試這麼做。我家和公司之間有間健身房。之所以知道這一點，是因為晚上我常常被塞在M271高速公路上，健身房就在旁邊。所以我加入了，每天晚上花一個小時左右的時間在健身腳踏車或跑步機上思考，而不是坐在車裡。我周圍都是人，但我沒有跟他們互動，所以我的能量始終維持在高點，腦中有了所需的安靜時間讓我能夠後退一步並廣泛地思考。另一個好處是那段時間是我最健康的時候。思考和冥想不一定要在安靜的環境中，甚至也不必聞風不動地坐著。

Exercise

你的能量偏好

多年來，許多心理學家都強調了剛剛那則故事的核心——能量的偏好。這個對我來說很有意義且清晰的工具是由一對婆媳在二十世紀五〇年代所發明，她們想要創建一種根據榮格心理學來查看個性偏好的工具，並且要適用於所有人。雖然需要經過培訓才有使用資格，但非心理學家也能理解這項工具，並且可以用來改變日常生活。邁爾斯－布理格斯性格分類指標（Myers Briggs Type Indicator）的二分法是告訴我們能量源於何處，在考量如何做決定以及所需的能量時，這點至關重要。

閱讀以下的描述時，最好要記住幾點：

1. 這個方法所用的語言停留在五〇年代，當時的單字有不同的意思——想想「merry」（有歡樂、微醉之意）和「gay」（有同性戀、愉快的意思）這樣的詞，你就明白我的意思了。二十一世紀的意思有點不一樣。舉例來說，內向並不等於害羞。

2. 身為人類，我們是多元的，所以你可能會發現你兩種類型都有一點。就跟右撇子或左撇子一樣，你可能會更傾向其中一種。

3. 這兩種傾向都不是衡量能力的標準——它們關乎的是能量——就像筆跡一樣，你可能是右撇子，且字跡很醜。

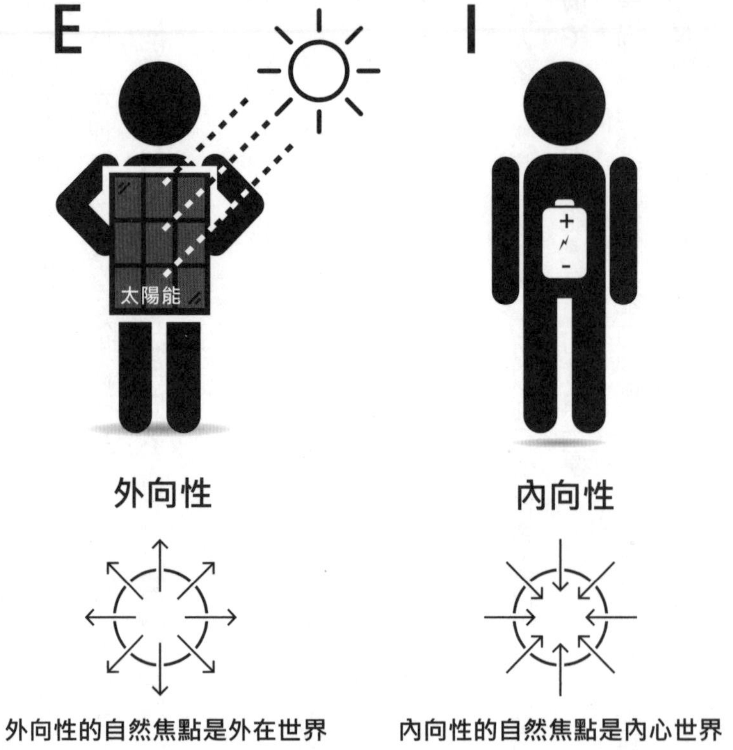
E
I
太陽能
+
-
外向性
內向性
外向性的自然焦點是外在世界
內向性的自然焦點是內心世界

這裡有些字詞能幫助你定義你的傾向：

外向性	內向性
・適應外在環境	・集中在內心世界
・較喜歡藉由講話來溝通	・喜歡用書寫溝通
・透過討論來激發靈感	・透過思考激發靈感
・藉由討論和身體力行來獲得最佳學習成果	・藉由思考和心理練習獲取最佳學習成果
・擁有廣泛興趣	・深入專精自己的興趣
・善於交際與表達	・私密且封閉
・在工作和人際關係中隨時採取主動的態度	・情況或問題很重要時，才會採取主動態度

OPP 出版的伊莎貝爾・布理格斯・邁爾斯（Isabel Briggs Myers）的《類型簡介》（Introduction to Type）

哪一種比較像你？

你和哪一種更有共鳴？

知道自己的偏好後，就能選擇最適合自己的環境和活動。如果你是慣用右手的人，想把字寫得更好的話，用左手練字半點好處都沒有，所以在管理你的能量時，用自然的方式練習才是有意義的。你會更快獲得更好的成果。

了解能量精力類型也代表你可以快速了解和管理影響你能量的壓力源。也就是說你能夠在生活中做出選擇，幫助你更有效地管理精力。

Exercise

面對不同「類型」的壓力源

每種「類型」的典型工作壓力源

外向者的壓力源	內向者的壓力源
・獨自工作	・和他人合作
・主要必須藉由電子郵件溝通	・常常講電話
・長時間不間斷地工作	・經常與他人互動
・採取行動前必須先思考	・沒有思考就必須快速行動
・必須專精某件事	・太多任務和要求
・只獲得書面的反饋	・經常獲得口頭回饋

如果你很熟悉這些壓力源，請問自己以下問題：

1. 你目前的情況／工作有多符合自己的偏好？
2. 為更加滿足需求及避免壓力，你可能會怎麼做？

因應與眾不同

大多數的人沒有機會選擇要和誰一起工作。就算你是老闆可以招募團隊，也很有可能需要引進具備多種技能和不同個性的人，確保工作順利完成。這代表身為團隊中與眾不同的人，制訂適當的策略可以帶來好處。

如果你發現自己所處的工作環境中，大多數的人都具有相反的能量「類型」，以下策略可能有助於降低影響：

1. 若你是偏向外向型，而你的團隊／工作伙伴大多是內向型的人，請嘗試以下這些建議：

・發展公司或團隊之外的人際網路。

・請其他人在對話中分享觀點。
・注意書面的通知和電子郵件。
・讓其他人在需要提供反饋之前先思考一下你的想法（如果需要，請數到十）。

2. 若你傾向內向型，而你的團隊／工作伙伴大多是外向型的人，請嘗試以下這些建議：

・比同事早到公司，享有平和和寧靜。
・整天都有意識地尋找私密的／能沉思的時間。
・繞遠路回家。
・在會議中，練習表達一部分經過深思熟慮的看法。

好好管理能量，不代表要當個瑜伽修行者及花時間補償損失。短暫的休息和放鬆是件很棒的事，能保持你的健康，然而，根據你能量風格的不同，休息與放鬆方式也會有很大的差異。對於一些人來說，急流泛舟可能比瑜伽課程更能帶來內心的平靜！

「找不到時間消遣的人，遲早會生病。」

——約翰・沃納梅克（John Wanamaker）

能量就是力量

從字面上和隱喻的層面來看，能量就是力量。無論你想到的是來自國家電力公司和發電站的能源，還是你散發出的個人力量，它們都具有流動性。儘管在當今世界，這聽起來不像事實，但這種流動性並不需要很快就能贏得勝利。

還記得龜兔賽跑的故事嗎？

從前從前的某個週日，一隻野兔慢慢晃到市場時遇到一隻烏龜。野兔很驕傲自己的速度有多快，因而取笑動作慢的烏龜。但烏龜好脾氣地回應，「或許我的腿很短，腳很小，但賽跑我能贏你。」驕傲的兔子大笑著說，「我可以在一秒之內打敗你！」所以他馬上同意要賽跑，心想能跑贏對方。

隔天，叢林裁判大象阿爾夫大喊，「預備！起！」宣布比賽開始。其他動物在市場附近的終點線等候，還有一些在路上替烏龜加油打氣。

野兔跑了一半的距離後，回頭看烏龜還距離他十萬八千里。兔子心想，「來睡個午覺吧。我跑很快，輕輕鬆鬆就能贏！」他靠著樹幹坐下，開始打盹。烏龜經過時發現兔子在睡覺，便邊走邊暗自偷笑。

野兔醒來後，發現比賽已經結束了。他沒發現烏龜走過，錯過了贏得比賽的機會。烏龜抵達終點贏得勝利！兔子被錯誤的傲慢給拖垮，被堅毅苦幹給擊敗。

這是否代表兔子總有些時候會輸？我想不是。若比賽超過一百公尺，那起跑時的速度肯定很重要。但了解自己在所屬的情境中需要什麼樣的能量和精力，是通往成功的關鍵要素。在商業中，有時難免需要速度，其他時候，更穩定且經過衡量的步調較為合適。不過，你上次穩發揮穩定的步調是什麼時候？

速度往往會抵消掉幫助他人這項關鍵的領導特質。你可能會發現，如果像兔子一樣狂奔，就無法精明幹練地做事。那時你還會注意到周圍的人嗎？

TIPS

考量你的情境——手頭上的任務，最佳的速率是多少？

小故事 Story

凱絲是一名策略總監，她一直像兔子一樣工作，在職場中取得了許多成就。儘管她取得了成功，但卻發現自己對家庭或工作都不滿意。凱絲覺得自己在成為經理的目標上沒有任何進展，而且她覺得由於通勤時間長，錯過了孩子們的童年。直到她放慢腳步，有意識地選擇搬離倫敦，以便有更多時間待在家（這並不難，因為她本來每天需通勤四小時），才幾乎同時間達成升任經理的目標，這是在家中感到更滿足，且能夠集中注意力帶來的附帶價值。放慢腳步有了回報！

了解你的行爲風格，好好運用！

為什麼，到底為什麼那麼多人相信成功的秘訣是要模仿其他人？效法你所敬佩的人的特質和行為是一種很棒的學習和成長方式——但前提是你要按照自己的方式去做，而不是試圖成為他們。理解並重視不同的方法和工作方式很棒。若是有效的方法，且不會傷害到原本的擁有者，那就借用一下，甚至是驕傲地偷過來。

請按照你天生的風格行事，而不是運用缺點或設法成為別人。這說法是根據我的個人經驗，我在金融業工作了這麼多年，並在一間軍校獲得審計員的資格（我是那裡唯一的文職人員）。回首一看，有線索顯示我並沒有發揮自己的天賦，那個線索即是，我是透過寫詩來記住書本上的內容，藉此學習會計學中的大部分知識。這麼說吧，我的創意思維正衝著我大吼大叫，因為我選擇了一個如此依賴分析思維的職業。

違背天生的風格沒關係，我做到了並且做得很好，但卻非常疲憊又和令人沮喪。當我在職場進行審計工作時，很少透過純粹的分析完成任務。我力求改變這份工作，藉由與管理團隊建立關係，我得到了成果，他們替我指出了缺陷和問題所在，讓我可以調查並提出改進方法。我敢說，這不是這個行業中的常見做法。

違背天性，你可能無法持續改變

我發現自己經常將新的觀點套入舊的談話中。其中一場談話是關於優先權和時間管理。我認為時間管理是個有缺陷的標籤。你並不能管理時間。每小時有六十分鐘，一天有二十四小時，一年有三百六十五天，這代表所有人擁有的時間是一樣的，是不變的恆理。我們能改變的是如何運用時間的選擇。做決定時，你會有自己的風格，你的生活經驗也會一直影響這個選擇。在全國大會上發言時，我很榮幸有人分享了她的個人故事，講述了自從她被診斷出無法治癒的癌症以來，時間帶來了何等不同的感覺。身為一位事業蒸蒸日上的年輕媽媽，她分享了她目標非常明確的「願望清單」。她非常清楚什麼對她而言是重要的，最重要的是，當她離開這個凡人所在的地球時，她知道自己已經做出了改變。大多數人都不希望發生這種改變人生的事，但我們無疑可以從她的經驗中學到東西。

充分利用你的時間，並按照你的想法來使用它，是持續所有改變的關鍵，因此要確保你做的是重要的事。你知道自己天生是如何管理時間嗎？

Exercise

時間，一種自我審查

針對自己運用時間的方法進行自我審查，這點非常有用，短時間就能完成。

拿一張紙，先列出你喜歡從事的活動，包括那些不常做、或是完全沒做過的事。接下來列出你上週完成的事，要包括睡眠、採買、煮飯和所有日常瑣事。

列好完成清單後，在每件事情旁邊粗略地寫下完成所需的時間。不需要很精確，用猜的就可以。把所有時間相加。總共是多少？

在時間管理研討會第一次做這個練習時很有趣，當我說一週的總時數是一百六十八小時時，令很多人震驚不已，因為他們把自己的時間加起來，結果要高出許多。還有另一群人，當他們發現自己的活動時間少得多時，通常會鬆一口氣，並意識到自己擁有的玩樂時間確實比想像中更多。

另一種考慮時間和優先權的方式是前面提到的，以榮格心理測量學為基礎的邁爾斯－布理格斯性格分類指標。它所描述的第四二分法對我們的生活方式有著巨大的影響，並且對時間運用方式有著特別的影響力。看看以下的描述語句，了解自己更屬於哪一類型。請記住，這就像「慣用手」一樣，不論你是左撇子或右撇子，在有需要時都能使用較不喜歡的那隻手。因此，兩者並無對錯之分，無論你的偏好如何，都不能決定你是否擅長於此——就跟手寫一樣。

評判	感知
・有計劃 ・規劃生活 ・有系統 ・有條不紊 ・制訂短期與長期計畫 ・喜歡事情被做出決定 ・努力避免最後一刻的壓力	・即興發揮 ・有彈性 ・隨性 ・開放式結果 ・適應過程，改變路線 ・喜歡鬆散且易於改變的事情 ・因最後一刻的壓力感到精力充沛

OPP 出版的伊莎貝爾・布理格斯・邁爾斯（Isabel Briggs Myers）的《類型簡介》（Introduction to Type）

向客戶描述這些偏好時，我經常想到失業的例子，因為在工作中，我們經常受到公司文化和老闆的風格的影響。想想你會如何約朋友一起去看電影。

如果你是「J」（評判，Judging）傾向的人，你可能會喜歡用有條不紊的方法安排約會。你可能會用系統化的方式拆解任務，儘早開始，甚至在活動開始前幾個月就進行。你會訂好現場取票的服務，在電影院附近的餐廳訂位確保能及時趕上，並將所有細節、停車或交通資訊用電子郵件發給所有人……並享受完成這些事情的每一刻。你希望大家答應赴約後就立即決定所有事情，之後就能放鬆了。

有趣的是，若你是「P」（感知，Perceiving）類型的人，在讀過剛剛那種電影約會的安排後，可能會難為情地做鬼臉，甚至有可能心想「我的老天，真假！」對於擁有「P」的生活方式的人來說，那麼早訂好事情可能會有更多壓力，因為時候到來時可能會錯失更好的機會。你喜歡盡可能長時間地擁有開放的選擇，直到感受到最後期限的壓力。現在到約會當天這之間，可能會有新的餐廳開幕，如果先預約，那就錯過新的機會了。在期限前完成任務令你感到活力滿滿，也很享受最後一刻的壓力，因為這些都讓事情更有趣也確保最後能擁有最好的品質。如此你就能根據具體情況採取靈活的方法。若你不接受這種類型，可能會將之視為軟弱。你可能會嫉妒地看著你的「J」類型同事，在心裡不斷地說「應該怎樣怎樣」，並因為諸如此類的語句感到愧疚，「我應該早點開始」、「我應該更有計劃」……。

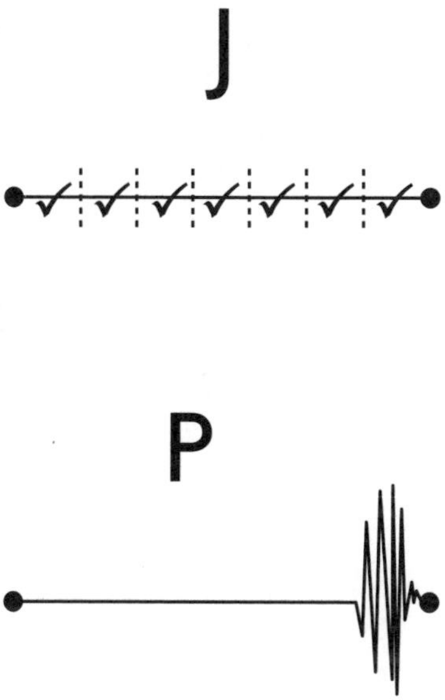

想像一下，你正在和行事方式相反的人一起工作，甚至一起生活。若你不明白這兩種類型都是有效的方法，且不同風格的人這樣做並不是為了惹火你，那麼對所有人來說，這可能會帶來很大的壓力！我經常發現，「P」風格的人會被派去參加時間管理課程，如此就能更有條理……通常是「J」老闆派他們去的。他們會去參加課程並學習一些「J」類型的技巧，回到辦公室並應用幾週後，又會恢復成原本的風格，而這讓所有相關人士既沮喪又失望。這啟發我打造一種課程，教導如何根據選擇相關的知識來管理你的時間，並學習到其實很多方法都能有效完成任務。

TIPS

送給J型人的小撇步：

計畫和排定優先順序；替你通常很死板的計劃加入一些靈活性，並嚴格優先考慮真正重要的事情——避免陷入過多任務的泥沼。

TIPS

送給P型人的小撇步：

期限、期限、期限——最好讓其他人加入，或有一些不可改變的任務。

不論你是何種類型，以下有關岩石和沙粒的故事在生活中一直都是真理。

一位哲學教授站在教室前方，面前的桌子上有些物品。開始上課後，他一語不發地拿起一個非常大的空美乃滋罐子，並用每顆直徑大約兩英吋的石頭將之填滿。

接著他問學生罐子滿了沒。他們說滿了。

因此教授拿起一盒鵝卵石，把石子倒進罐子裡。他輕輕搖動罐子。果然，鵝卵石滾進了石塊之間的縫隙裡。

他再次問學生罐子滿了沒。他們說滿了。

教授拿起一盒沙粒，將沙子倒進罐子內。當然，沙子填補了罐內剩餘的空間。

他再次詢問罐子滿了沒。學生一致回答，「滿了。」

「現在，」教授說，「我希望你們能意識到，這罐子代表了你的生活。岩石代表重要的事物——家人、伴侶、健康、孩子——即使失去一切，只剩下這些，你的人生依舊圓滿。鵝卵石是其他重要的事——比如工作、房子、車子。沙子代表剩下的事，剩下的瑣事。

「若你先把沙子倒進罐子裡，」他繼續道，「就沒有岩石和鵝卵石的空間了。你的生活也是一樣。若你把時間和精力放在小事上，就沒有空間做真正重要的事情。將注意力放在對你的快樂至關重要的事上。和孩子們玩。帶伴侶出去跳跳舞。你總會有時間上班、打掃房子、辦晚宴派對，或是修理廢物處理機。」

「先照顧岩石們——真正重要的事。設定你的優先順序。其他的不過是沙子。」

——未知的作者

開始、維持、成長或澈底改變？

了解自己的風格很重要，不僅可以發揮強項，也能讓自己的風格符合公司的情形或策略。組織本身就是有生命的實體，因此會隨著時間的推移而成熟，並受到內部和外部力量的影響。

如果你是面對一張白紙時會盡全力工作的人，並且擁有有創意的方法，那麼處於整合或維護階段的公司可能不適合你。

當我輔導高階經理，特別是執行長時，考量角色的任期時長和在位時擬出的辭職計劃，就跟制訂策略來滿足當今的需求一樣重要。執行長的任期已降至兩年以下，部分原因可能是因為需要快速取得成果，因此擁有匹配風格的重要性變得顯而易見。

如果你確實善於掌控局面，並確保事情能夠長久進行，那麼在一個由於市場影響而需要澈底改革的公司中，可能不會取得成功。英國自來水公司就是一個實例。市場於二〇一七年放鬆管制，這將需要更有活力和更具企業家精神的方法，以便能夠把握更廣大的市場帶來的機會。若你不贊同，並且一直保持一貫的、過去有效的做法，那麼極有可能被競爭對手淘汰。這種風格與企業現況不相符的情形比你想得更常見。

小故事 Story

和製造業的團隊合作時，我能注意到新上任的部門主管對工廠的負面影響，就跟牆上的蒼蠅一樣。我身在公司內部，但並不是團隊的一份子也並未與他們一同工作，但能夠聽到和看到第一手發生的事情。新老闆珍在她之前任職的公司備受讚譽，被稱為真正的改革推手。她曾是管理團隊的關鍵人員，幫助重組公司並轉虧為盈，進而取得了成功。然而，她甫加入的公司正處於成長階段，需要應用一種過去已經見效的方法。珍才上任幾天，就設法剝奪工廠主管的權利──真是個創舉！她積極分析流程並透過問問題來找出錯誤的方法，忽略過去為了創造當前的成功所完成的傑出工作。她的澈底轉變風格不合需求，且團隊都在抱怨她。理解獨一無二的商業環境，以及它是符合或違背你的風格，可能是成功與失敗的關鍵。

TIPS

讓你的風格與處境相吻合。

你是大局觀還是注重細節的人？

對於大局觀的思想者來說——你有沒有發線自己忽略了真實或具體的事物，而專注於意義、關聯和關係？

對於細節主義者們來說——你是否更喜歡用視覺、聽覺、觸覺、嗅覺和味覺五種感官來獲取資訊？

你不能同時用兩種方法感知世界，所以你會傾向使用其中一種方法。

對於每種較喜歡的風格，有時你也能做些相反的事。所以說，若你熱愛細節，不代表看不到大局，同樣地，若你注重大局，也不代表不了解細節。這裡真正的益處是要調整至屬於自己的傾向。對你來說，什麼是自然而然的行為，什麼是你必須學習的？能夠靈活地做到這兩點是一項真正的技能，且能夠適應情況，確保生活能獲取最大的成就。為了讓自己更容易做選擇、更有可能獲得成功和成就感，了解什麼風格最適合自己並找到一個可以蓬勃發展的環境非常重要。多年來，我在銀行和審計等金融領域工作。作為一個大局思考者，我努力學習如何處理細節，儘管這對我來說很累且不快樂，但我還是做得很好。然而，回想起來，我所處的環境壓抑了我天生的創意和風格。自從轉行從事一項較無形的職業後，我才真正蓬勃發展。人與心理學肯定比帳目更模稜兩可。透過衡量自己的最佳能力來選擇職業和管理時間的方式，決定了人生是輕鬆還是困難。你不需要違背天生的傾向時，便能更快收穫結果。了解最有可能為你帶來壓力的事情，如此就能制訂策略來解決這些問題並與之相處，讓生活變得更加順利。

如果乍看之下你認為自己是個著重大局者、一個譜寫旋律的人，那麼你自然會留意事情的發展模式並能夠看見更大的局面。如此自然的情況下，你可能甚至沒有注意到並非每個人都會做同樣的事情。以隱喻的方式思考或激發靈感及可能性對你來說很簡單，而獲得一張白紙是最令人興奮的事。你注重的是最終結果，並在可以獲得最廣泛資訊的情況下打造願景。如果你認為這是對的，這是你的風格，那麼你可能會覺得那些提出詳細問題的人很煩。在會議中，在你提出可能發生的事情之前，就有人問這些資源從何而來或具體內容是什麼的問題時，你可能會很惱怒，不想回答。

對於擅長布局的人來說，面臨這些情況時可能會備感壓力：

- 需要專注於過往的經驗（而非放眼未來）
- 必須注重細節
- 必須以「通過認證」的方式做事
- 被要求首先注重實用層面

如果你一開始將自己描述為細節主義者，那麼務實、相信經驗和有形的具體現實可能是你處理生活事物的首選方式。對你來說，做一些沒有實際目的的事情完全是浪費時間和精力。如果沒有實際行動，何必花時間賦予理論和創造概念呢？當資訊按順序出現並能展現細節時，便是最有價值的時候。只有在確定了現況後，你才會想進入未來願景的抽象世界。若不知道自己當下身處何處，怎麼決定前進的方向呢？會議途中，當人們假定未來和提出「如果……」的問題時，你可能這麼想，「天殺的，你們能走出雲層嗎——面對現實吧！」

對於細節控的人來說，面臨這些情況時可能會備感壓力：

- 必須專注於自己或他人的見解
- 必須用新的方式做舊的事情
- 必須提出大綱（沒有任何細節）
- 在事實中尋找意義
- 需要關注可能性
- 面對太多複雜的事

創造一種生活或選擇一種角色，讓你少做一些對於你的風格來說是壓力源的活動，這將減緩你的緊張感。不得已需要應用這些方法時，有兩種關鍵方法可以幫助你做好準備並避免壓力源：

1. 讓周圍充滿與你的偏好相反（大局／細節）並且很擅長該風格的人。
2. 在沒什麼風險時練習上面列出的方法，這樣既可以不受他們的影響，又可以培養在需要時處理情況的技能。

如果你發現身邊有很多與你持相反態度的人，可能需要考慮以下這些策略。

如果你偏向大局，而團隊／工作小組卻是注重細節，請考慮嘗試以下建議：

- 練習逐步、有順序的提供你的資訊（注意他人如何回應）
- 針對重要的資訊提供具體的例子，讓它們是基於經驗而非想像的世界
- 尊重你基於經驗和傳統的價值觀
- 閱讀細則，確保發言前搞懂事實

如果你偏向細節主義，而團隊／工作小組卻是注重大局，請考慮嘗試以下建議：

- 參與需要一定程度的未來思考的項目
- 練習腦力激盪和生成想法（和團隊成員或朋友）
- 選擇可以進行較少大局觀類型活動的職位
- 練習忽視細節，開始創造意義和故事
- 在細節上發揮自己的優勢，為團隊提供服務，成為會議中的挑戰者和實用主義者
- 為「迂迴、模稜兩可」的討論做好準備，並接受它們，同時留意之於其他人有多受用
- 花時間尋找事情的模式

展現自己的風格，並選擇能讓自然傾向發揮價值的環境，如此能為自己的成功做好準備，並創造你想要的生活結果。

小故事 Story

在成為自由工作者之前，我任職的公司的執行長約翰有著令人難以置信的大局觀。如果你不在第一句話、前六十秒強調你的重點，他就不會聽進去！很多時候這能發揮很好的效果，可以集中團隊的注意力並確保我們的語言足夠簡潔，但是在翻譯時卻會丟失很多內容。我在公司的第一年，約翰能夠好好發揮他的風格，因為他身邊有克里斯擔任翻譯。約翰會對團隊發言，似乎是透過純粹的魅力和他用語言描繪圖畫的能力，他總讓人們著迷不已。他積極採取行動來拓展業務並帶領我們前進。然後克里斯會加入並描述細節和執行要點，這代表走出會議室的團隊成員不僅滿懷熱情，也被指點了正確的方向，知道下一步該怎麼做。我在公司大約一年後，克里斯離開了，在其家鄉的一間大型美資公司擔任全球性的職位。他離開大家都很傷心，並很快就意識到他的離開所導致的影響比任何人想像得都要大得多。約翰繼續展現他魅力無法擋的大局觀，但隨著時間的推移，團隊士氣變得低落。他們不再有按部就班的計劃，產生的能量便失了方向。單單知道自己今天身處何處，以及你老闆盼望的最終結果並不夠。挫敗感與日俱增，在短短的時間內，公司中一些最有才華的人就離職了。後來高層改變了作法將我們帶回正軌……約翰很聰明，知道自己的風格不夠靈活，無法有效做出改變。新任執行長上任後與董事會合作，採取了更平衡的方法，提供團隊他們期盼的方向指引和營運要點。

最強大的團隊既有指揮布局的人，也有注重細節的人，他們敬重彼此不同的做法。

言語比刀刃更有力

你使用的字詞不僅能傳達事實，還會對你的情緒和身體產生影響。你的大腦引用詞語並將其與經歷相互聯繫。這些體驗伴隨著身體不同程度的緊張及不同的反應，甚至有不同的化學物質被釋放到你的體內。如果你閉上雙眼一下，想像自己正在咬一口檸檬，你的嘴巴很可能會開始生津——完全是不由自主。你與他人或自己談論事物的方式會對你整個人的存在產生不可思議的影響。利用語言的力量來發揮優勢，並認識到它們帶來的影響，可以讓你置身於一個真正富含智慧的地方——一個你覺得擁有更多選擇，並且有能力做出好的選擇的地方。

你的語言影響你的行為能力

你不斷偷聽，或許不是偷聽別人的談話，但一定是偷聽自己所說的。你無意識對自己說的話會影響你的動機、情緒和生理。無論你的計劃為何，或者相信自己的能力為何，你所說的話都可能稍來成功或失敗。

每個外部事件都有相連的內部反應。細胞和神經系統會解釋並處理透過感官體驗到的東西。若你的皮膚告訴你天氣很冷，你就會發抖；如果你看到有東西快速向你駛來，你會本能地躲開。大腦處理外部刺激和展開行動的速度快到令人咋舌。你的大腦會過濾所有時刻收到的訊息，由於容量關係，會分類為7＋－2塊訊息。因此，最好的情況下你能獲取九位元的資訊，最糟則是獲取五位元訊息量。一秒鐘之內，過濾你周圍二十億位元資訊的速度相當快。這些位元會影響你的感受，並由運用的語言來加以描述、解釋。反過來這又會影響你的身體。身體與心靈的連結是名符其實的。

想一想，當你是銷售團隊的一員，被告知正在與競爭對手交戰時，會有什麼感覺。

必須不惜一切代價消滅競爭對手時，你會怎麼做？你的身體將承受多大的壓力？思考這個問題時，你的肩膀感覺放鬆還是緊繃？現在想像一下，在一個銷售團隊中，你的座右銘和願景是成為世界上最厲害的／領域中的佼佼者／業內第一。請注意這為你帶來多麼不同的感受。對你的動機和行為有什麼影響？你會如何與團隊其他成員合作？你身體的哪個部位有所感覺？

這兩個場景都是我與銷售團隊合作過的。兩者都能取得成果。兩者都產生了不同程度的內部壓力和緊張感——前者的團隊人員流動率和生病率高出許多。他們回顧了自己的目標，並將語言從殺死競爭對手改為擊敗他們，團隊的文化也開始有所

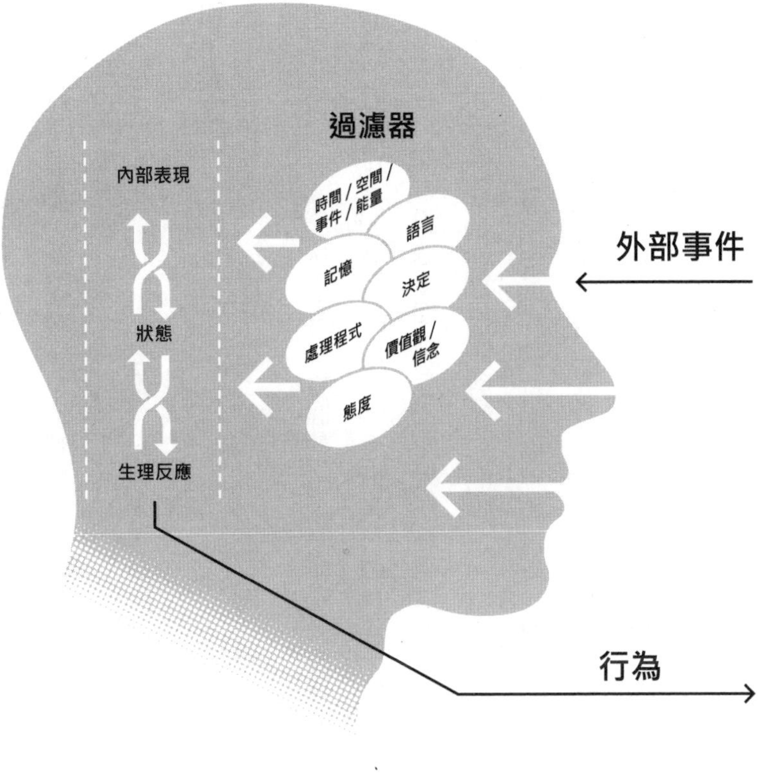
過濾器
內部表現
狀態
生理反應
時間／空間／事件／能量
語言
記憶
決定
處理程式
價值觀／信念
態度
外部事件
行為

轉變。我們花了一些時間合作，觀察他們侵略、挑釁的程度慢慢減弱，他們共同創造了一個有競爭性、有動力的環境，一切都是為了勝利，但並沒有像之前覺得自己身在戰場所導致的附帶損害。

前言和免責聲明

你很有可能曾經、或仍然患有言語抽動症，但卻完全沒有意識到。這會影響別人如何傾聽你的話語以及如何看待你。「這只是一個想法，但是……」、「這可能很蠢，但是……」，你有說過這種話嗎？如果你是用這種類型的陳述來作為你要說的內容的開頭，那麼你就是在發送訊號給你的聽眾（可能只是一個人），表明接下來的內容不值得聆聽。發出這個訊號意即你不相信自己要說的話，那其他人何必要相信呢？僅僅是單字也能產生類似的貶低效果。試試這些經典的量詞——「有一點」、「只是」、「你知道的」。聽到它們時，它們是增強還是削弱了你所說的內容？

小故事 Story

對零售銀行的區經理珍進行職業輔導時，我們探索了她個人的玻璃天花板。

珍在銀行被視為很有潛力，是內部人才計劃的一份子，於是公司花了大把錢留住她並讓她發展技能。過去的幾年裡，珍曾三次申請銀行的地區性職位，每次都有進入最後的面試階段，但每回都失敗。關於未能得到這份工作的回饋，她得到的原因模稜兩可，充其量只是針對她莊重的舉止和個人特徵。珍很沮喪，因為她不相信在不需要改變自己的情況下，她能做出任何事。我們探討招聘決策的關鍵利害關係人時，我發現彼得每次都是其中一員，對此我很好奇。珍解釋道，過去她曾任職兩種職位為彼得工作，而對方對自己的技術能力有很高的評價。我們談論到他們過去的合作方式時，我開始懷疑眼前的問題更多是關乎感知管理而非實際情況。透過觀察，我們發現語言大大影響了彼得在職場中看待珍的方式。珍去他的辦公室時，會敲敲他敞開的門，等他抬起頭說「請進」後，她會說「我只需要十分鐘，你有空嗎？」等類似的話。非常有禮貌，而且看起來無害。接著我發現，彼得身為決策小組一員時，那些獲得升遷的人會來到他的辦公室，敲門，走進去後說些以下這種話，「我需要十分鐘，現在有空還是我等一下再來？」他們尊重彼得的時間和空間，但是更直率地提出要求。珍的禮貌態度被解讀為一種懦弱。大家認為她不若其他人有自信。這並不是事實，但感知即是一個人的現實，所以當彼得決定誰有能力擔任更高級別的職務時，在決策中考慮了這一項現實。理解這一點後，珍現在可以選擇改變她每天與彼得相處的方式。這些變化雖小，但意義重大。彼得對珍的觀感幾乎一夕之間改善了很多。他開始讓她參與更具策略層面的討論，並邀請她在董事會即將贊助的一項全球計畫中擔任重要角色。管理感知帶來了巨大的差異。在黛柏拉．泰南（Deborah Tannen）博士的《從九點聊到五點》（*Talking from 9 to 5*）中，她的研究表明在職場進行溝通時，能夠被傾聽的員工往往會比其他同事更直接、大聲，也說得更多。太有禮貌會適得其反——很多人都會在自己的話語前加上免責聲明，例如「我不知道有沒有效」或「你可能已經想到了」，以避免顯得自以為是。這樣的免責聲明只會導致其餘的話語被忽略。對英國人來說，我們比其他人更需要意識到這件事。我們的文化規範是將事物緩和到某種程度，若從字面上來理解，話語就變得沒有意義，例如「我有點害怕！」怎麼會是有點害怕？害怕是種極端的狀態，如果你不害怕，那就是一點都不怕，要不然就是被嚇到或感到焦慮。學會在不使用緩和劑的情況下說出事情的原貌，可以使我們的溝通更加清晰也更容易理解。

若你想要改變自己或團隊中某人的看法，那麼簡單地要自己大聲說出來，或是要團隊中的人直接講出來並不是長久之計。有些人在說話前需要時間思考，很少人喜歡被告知要做什麼！想要所有員工都有所貢獻的公司，管理整個環境的經理們要允許內部存有差異性。工作中你如何產生這個影響？你可以採取什麼不同的做法？作法可以很簡單，就像在會議之前讓人們知道要討論的內容一樣。

Exercise

我說，我說，我說——語言審查

用不同方式講話時，請一位朋友或信任的同事聆聽。請他們進行某種語言審核，並留意你重複使用、對他人產生負面影響的所有字詞或語句。他們給你回饋後，你就知道這些話語是什麼，即可以決定是否要做出改變。要不要改變幾乎不重要。既然你知道它們是什麼了，在說話時就會更加留意到它們，並且更有可能注意到它們帶來的影響，然後立即做出必要的更改以便更容易被理解。

知道了某件事之後，知道就是知道了！

讓自己邁向成功

你的大腦會用非常字面的方式來解釋聽到的話。它會按照你的話語執行指令——完全按照你的話語！例如，如果我對你說「不要想一棵藍色的樹」，你會想到什麼？你非常有可能想到一顆藍色的樹。原因在於，想要不去想某件事，就必須先知道自己不應該想什麼……所以你的大腦會掃描你的記憶檔案中的事物，才知道要避開什麼。違反直覺但卻符合邏輯。實用性方面，了解大腦的工作原理非常有用。由於指示說明是根據字面意思來理解，因此詳細說明想要什麼，而不是不想要什麼，這點非常重要。你有多常說以下這些話？「別忘了乾洗的衣物」，或者是對孩子說：「別弄掉那個」，然後通常都馬上傳來破碎的聲響。這樣說更有效：「記得去拿乾洗的衣服」，或是「兩手拿好盤子，小心一點」。說出你想要的結果可能需要練習，但這會對你獲得的回報產生巨大的影響，而且能消耗較少能量。

「我會試試……」還記得上一次聽到別人這麼說是什麼時候嗎，或者你最近有對自己說過嗎？聽到這句話時，你有多相信那個人真的會去做？他們這麼說就不同了：「我會去做。」對我來說，「嘗試」是種很有趣的語言用法，因為它會導致失敗。當你做了自己說過會去嘗試的事情時，你就無法再「嘗試」了，所以你無法成功實現你為自己設定的字面目標。在我看來，「我會試試……」更可能導致失敗，而非成功。我這個推理符合我之前分享的內容，「不要想一棵藍色的樹」。你的大腦天生理解字面上的意思。若大腦聽見你說「我會試試……」，那你的目標就是……試一下！若我對自己說，「我要試著拿起那個水壺」，那麼當我努力撿起它的那一刻我就失敗了，因為我已不再嘗試——我正在這麼做。現在，對於像拿起一壺水這樣簡單的事情，你的身體能力很可能會超越言語的指導，而且無論如何它都會發生，但是對於更複雜或困難的任務和目標，你會讓大腦多出很多破壞任務的機會——努力繼續嘗試。

Exercise

「要做」的事情

花點時間列出目前在「待辦事項」清單中被標為「我會嘗試」的所有事情。看看它們在那裡多久了。問問自己需要怎麼做才能讓這項任務變成「我要做」或「我必須做」。可能就跟改變言語一樣簡單，或者也有可能你發現它並不是那麼重要，那麼就可以從待辦事項清單中刪除……或者你可能需要進一步探索阻礙自己的原因，此時我建議與值得信賴的朋友或教練交談，或者花時間進一步思考。

最後，也是開始

謝謝你花時間閱讀這本書。知道你選擇了《人生就是選擇的總和》並在其中度過寶貴的時間，我感到非常榮幸。希望你能從中獲得一些新的東西，提醒自己一些你已經知道的很棒的事，並且感到自己有更多的選擇。

覺得合適的時候，就再次享受你最喜歡的章節和練習的樂趣。書的開頭有一個練習索引可以幫助你回顧。要知道，你現在擁有了一個資源，可以在需要時選擇共享、練習和參考。

所以，到了下一階段……去打造你想要的生活吧。從無可避免的挑戰中振作，享受這段旅程。

高寶書版集團
gobooks.com.tw

NW 282
人生就是選擇的總和：在困惑混亂中找到清晰的方向，為自己選一個有利的生活
Choices : From Confusion To Clarity
作　　者　莎拉・藍恩Sarah Lane
譯　　者　蕭季瑄
責任編輯　吳珮旻
封面設計　鄭佳容
內頁排版　賴姵均
企　　劃　鍾惠鈞
版　　權　劉昱昕

發 行 人　朱凱蕾
出　　版　英屬維京群島商高寶國際有限公司台灣分公司
　　　　　Global Group Holdings, Ltd.
地　　址　台北市內湖區洲子街88號3樓
網　　址　gobooks.com.tw
電　　話　(02) 27992788
電　　郵　readers@gobooks.com.tw（讀者服務部）
傳　　真　出版部(02) 27990909　行銷部(02) 27993088
郵政劃撥　19394552
戶　　名　英屬維京群島商高寶國際有限公司台灣分公司
發　　行　英屬維京群島商高寶國際有限公司台灣分公司
初　　版　2024年03月

Complex Chinese Translation copyright© 2024 by Global Group Holdings, Ltd. Choices: From Confusion to Clarity© 2014 Sarah Lane. All Rights Reserved. This translation of Choices: From Confusion to Clarity is published by arrangement with Rethink Press.

國家圖書館出版品預行編目(CIP)資料

人生就是選擇的總和：在困惑混亂中找到清晰的方向，為自己選一個有利的生活/莎拉.藍恩(Sarah Lane)著；蕭季瑄譯. -- 初版. -- 臺北市：英屬維京群島商高寶國際有限公司臺灣分公司, 2024.03
面；　公分. --

譯自：Choices : from confusion to clarity

ISBN 978-986-506-932-2(平裝)

1.CST: 自我實現　2.CST: 生活指導　3.CST: 成功法

177.2　　113001805

凡本著作任何圖片、文字及其他內容，
未經本公司同意授權者，
均不得擅自重製、仿製或以其他方法加以侵害，
如一經查獲，必定追究到底，絕不寬貸。
版權所有　翻印必究

GOBOOKS
& SITAK
GROUP©